大富豪の伝記で見つけた1億稼ぐ50の教え

50 pieces of wisdom found in biographies of the wealthy to earn 100 million yen.

成功データアナリスト
高田晋一
Shinichi Takata

sanctuary books

はじめに

突然ですが、「将来、お金持ちになりたいですか？」と聞かれたら、あなたは何と答えますか？

おそらく、「はい！　絶対にお金持ちになりたいです！」ときっぱり答えられる人は意外と少ないのではないかと思います。

「なれるものならなってみたいけど、お金持ちになれる人って、そもそも頭の出来が違うのでは？」とか、「お金持ちになるために血のにじむような努力をしないといけないんだったら、ちょっと……」という人が大半ではないでしょうか。

けれど、当然ながら、今は大金持ちになっている人だって、最初からお金持ちだったわけではないはずです（もちろん遺産相続などでお金持ちになった人は除きます）。

どこかで、**彼ら「お金持ち」と私たち「庶民」とを分ける、分岐点のようなものがあったと考えられます。**

それはどんなものだったのだろう？　どんなきっかけで両者には差がついたのだろうか？

そもそも、ふだんから考えていることが違うのか？

いつしか私は、そんなことを疑問に思うようになりました。

もともと私は、成功哲学などに関する文献やデータなどを調べて、**成功を収めるための要因などを抽出し、分析することを**ライフワークにしています。いわゆる「自己啓発本」「成功本」などを1000冊以上読み、それらを分析対象としてきました。

（その分析結果の一部は、前著、『自己啓発の名著から学ぶ　世界一カンタンな人生の変え方』などでご紹介していますので、よかったらご覧ください）

そこで今回も、世界中で「大富豪」と呼ばれるクラスの人たちが、どうやってお金持ちになったのかを調べてみたくなったのです。

まず、国際的な経済誌である「フォーブス」の世界長者番付（'The World's Billionaires'）やネットの情報などをもとに、主に資産総額が10億ドルを超えるとされる大富豪のリストを作りました。日本で言えば、余裕で「1億稼ぐ」と思われる大金持ちたちです。

次にそのリストから、王族や貴族の出身者などを除き、残った候補者それぞれの「人となり」が知れる伝記や自伝などを片っ端から読んでいきました。

そして、彼らがどんな考え方をし、どんな行動をしていたからこそお金持ちになったのか、いわば彼らの**「キー・サクセス・ファクター（主要成功要因）」**と言うべきものを抽出し、分析していったのです。

この1年にわたる分析作業を通じてわかったのは、彼らは決して生まれつき特別な才能を持っていたわけでもなければ、ある日突然何かがきっかけで才能が開花したわけでもなく、彼らはみな、**常人では真似できないくらい強烈なこだわり**を持っており、それらを愚直に体現してきたからこそお金持ちになれた、という事実でした。

お金の使い方や、人間関係、目標達成などにおいて、長年こだわり守ってきた行動や考え方こそが、彼らと私たちを分ける分岐点だったのです。

私は、多くの伝記や自伝を読み込み、その中から、彼らが「大富豪」と呼ばれるくらいお金持ちになる要因となったこだわりを43個抽出しました。

中でも、多くのお金持ちに当てはまるこだわりを7つに整理し、改めて「大富豪に必ず当てはまる『7つの教え』」として、第7章でご紹介しています。

そして、それらを合わせた計50個のこだわりを、本書では「1億稼ぐ50の教え」として、まとめました。数多くある大富豪の伝記の重要なエッセンスを凝縮した50項目です。大富豪とまで言わなくとも、これからお金持ちになりたい方にとっては、非常に参考になるはずです。

しかも今回はそれだけでなく、**彼らがお金持ちになる要因となったこだわりを、すぐに実践できる習慣にまで落とし込みました。**

たとえば、ドナルド・トランプ氏が自著の中で、自らの成功要因と語っている「求めるものを手に入れるまで、押して押して押して押しまくる」というこだわりは、より実践しやすいアクションとして「『ほしいものリスト』をまわりにシェアしよう。」という具体的な行動習慣に落とし込んでご提案しています（詳しくは本文でご確認ください）。

そのため、「お金持ちにはなりたいけど、血のにじむような努力をしてまではなりたくないや……」という方でも、お金持ちになるための「第一歩」を容易に踏み出すことができるはずです。

将来お金持ちになりたいという方はもちろん、世界の成功者たちから人生を変えるきっかけを学びたいという方のためにも、本書が少しでもお役に立てれば幸いです。

成功データアナリスト　高田晋一

＊本書の執筆にあたり、その有用性を考えて、あえて入手が難しい伝記を紹介している項目があります。また、それぞれの伝記は可能な限り最新版を紹介していますが、今後、さらに改訂版が出る可能性もあります。ご容赦ください。

登場人物紹介
Character

コバヤシワケタ

タカタの同僚。センター分けの髪型が特徴。同僚のハナコが好きで、つい貢いでしまう。

タカタシンジ

零細メーカー「IKARI」の営業部勤務。平凡なサラリーマン。お金について勉強中。

カネモトリョウ

タカタの後輩。商社を経営する父と、CA の母を持つ、お坊っちゃま。派手にお金を使う。

ヤマダフクオ

タカタの後輩。いつも食べ物のことばかり考えている、超食いしん坊。じつは投資好き。

タマコシハナコ

タカタの同僚。玉の輿を夢見ていて、その目標達成のためには、手段を選ばない。

サイトウミサキ

タカタの同僚。
人気アイドルグループ「ARASHU48」の大ファン。堅実な節約家。

イカリユウゾウ

タカタの勤務する「IKARI」の社長。人はいいが、少々短気。金銭面では、ドケチ。

ネコタゴロウ

タカタの所属する営業部の部長。コワモテの顔のわりに、無類の猫好き。猫には投資する。

ゲイツさん

タカタの取引先、「マイソフト」の社長。仕事でときにムチャ振りすることがある。

ヤナイさん

アパレル会社、「ユニークロ」の社長。独自の買い物哲学を持つ。

ウェルチさん

カネモトの友人で、「ジージー」を経営する大富豪。とても押しが強い。

バフェットさん

証券会社、「バークシャー証券」の社長。三度の飯より「数字」が好き。

トランプさん

「トランプ不動産」の社長で、自分でも営業をする。ほしいものを公言するタイプ。

ジョブズさん

IT 企業を経営したのち、講演家に転じた大富豪。カリスマ的な人気がある。

ソンさん

通信事業を中心とした「ソンナバンク」グループの総帥。じつは意外な趣味が……。

Contents

Contents

Chapter 2 大富豪の「目標達成」の教え

Contents

Chapter 3 大富豪の「学びと遊び」の教え

Contents

Chapter 4 大富豪の「人間関係」の教え

Contents

Chapter 5
大富豪の「メンタル」の教え

Contents

Chapter 6 大富豪の「日常生活」の教え

Contents

Chapter 7

大富豪に必ず当てはまる「7つの教え」

Chapter 1

大富豪の「マネー」の教え

教え1　買い物は1円でも安いお店を探そう。
教え2　投資の「師匠」を見つけよう。
教え3　ネットオークションに出品してみよう。
教え4　クレジットカードを持たずに生きよう。
教え5　「一生モノ」のアイテムを買おう。
教え6　毎晩、財布の中身を点検してみよう。
教え7　不景気のときこそ株を買おう。
教え8　ランチ代を削って募金をしよう。

教え1

買い物は1円でも安いお店を探そう。

——イングヴァル・カンプラード（イケア創業者）

日本でも人気の世界的な家具販売チェーン、「イケア」。この企業を創設したのは、イングヴァル・カンプラード氏です。かなりの倹約家としても知られています。

彼は、1926年にスウェーデンに生まれました。わずか5歳くらいから商売を始め、1943年、彼が17歳のとき、ご褒美にもらった資金を元手に、現在のイケアのもとになる会社を創業したと言われています。その後、一代で同社を世界的企業グループに育て上げました。

米経済誌「フォーブス」発表の2008年度世界長者番付では、世界第7位（総資産額310億ドル）にランキングされたこともあります。

同社は、優れた品質の商品を低価格で提供することによって成長を遂げてきましたが、その裏には、創業者であるカンプラード氏の**徹底したコスト意識**がありました。

彼のことをつづった『イケアの挑戦　創業者（イングヴァル・カンプラード）は語る』（バッティル・トーレクル著）には、彼の倹約家ぶりがユーモラスに描かれています。

たとえば、**彼は資産家になった今でも、買い物をする際はその店がその日店仕舞いする頃を見計らって入店し、少しでもまけてくれないか交渉する**と述べています（そして彼の奥さんはそんなカンプラード氏にうんざりしていると述べています）。

また、イケアの社員は飛行機に乗る際はビジネスクラスに乗ることは決して許されないそうですし、彼自身、必ず格安チケットを購入するとか。あるときなど、「今日使わないとスカンジナビア航空のボーナスポイントの有効期限が切れてしまう」という理由で、予定していたミーティングをキャンセルしたというエピソードまで伝えられています。

彼のこうした倹約の裏側には、単なるケチということ以上に、**「少しでも安いコストで作ることができれば、お客様に安く商品を提供できる」**という意識があります。

実際、同社は生産コストを抑えることで、高い品質を保ったままで商品を安い価格で提供することを可能にしています。そして同社のそうした姿勢によって利用者が増え、さらにたくさんの商品を購入してくれる、というわけです。２０１５年時点で、同社の売上はグループ全体で３１９億ユーロに達しています。

私たちも彼の精神を見習って、ふだんからもっとコスト意識を高める努力をしてみませんか。たとえば、**買い物のときは１円でも安く売っているお店を探してみる**のはいかがでしょうか。

BOOK

『イケアの挑戦　創業者（イングヴァル・カンプラード）は語る』

バッティル・トーレクル著　楠野透子訳
（ノルディック出版、2008年）

イケアはいかにして躍進を遂げたのか。北欧の家具王カンプラード氏の一生を、インタビューをまじえながら丹念につづった伝記。

BOOK2

この本もおすすめ

『ＩＫＥＡモデル　なぜ世界に進出できたのか』

アンダッシュ・ダルヴィッグ著　志村未帆訳
（集英社クリエイティブ、2012年）

イケアが世界的大企業に成長した背景には、揺るぎないビジョンと緻密なビジネスモデルがあった。元CEOが、理想の企業を作り上げるヒントを大胆に提示する。

教え2

投資の「師匠」を見つけよう。

——ロバート・キヨサキ（投資家／実業家）

ロバート・キヨサキ氏は、有名な『金持ち父さん』シリーズを書いた、「お金のプロ」として知られています。

1947年に日系4世としてハワイに生まれた彼は、大学卒業後、海兵隊に入隊したのち、ビジネスの世界に乗り出し、1977年にナイロンとベルクロを使ったサーファー用の財布を考案、会社を起こして大成功しました。

その後47歳でビジネス界から引退したあと、ボードゲーム「キャッシュフロー」を考案し、さらにこのゲームの普及のため、『金持ち父さん貧乏父さん』を執筆しました。この『金持ち父さん貧乏父さん』は世界51か国語に翻訳され、109か国で紹介されるベストセラー本となり、作家としても著名になりました。

キヨサキ氏は本書の中で、「金持ち父さん」から得た教えとして、**「お金持ちになりたければお金について勉強しなければならない」**ことをくり返し強調します。

具体的には、お金の流れを読むことや、本当の「資産」を持つこと、会社を作って節税すること、投資技術を磨くことなどの重要性を説いています。こうしたファイナンシャル・リテラシー（お金の活用能力）を高めることで、「金持ち父さん」のような億万長者に近づくことができるというわけです。

たしかに、何らかの技術を高めようと思ったら、それを勉強してその感覚を養うというのは当然のことかもしれません。英語を学ぼうと思ったら英語のテキストを買って勉強するでしょうし、パソコンを学ぼうと思ったらパソコン教室に通ってみることも考えるでしょう。「お金」に関してもまったく同じことが言えるのではないでしょうか。

実際にキヨサキ氏自身、ファイナンシャル・リテラシーを高め、鉱業ベンチャーや貴金属・硬貨のトレード、不動産投資、各種ファンドへの投資などをくり返しながら、資産を増やしていったようです。

そこで私たちも、お金に対する感覚を高めるために、**あなたにとっての「金持ち父さん」を探してみませんか。**

身近に投資で稼いでいる人がいたら、その人から儲けるコツを学ぶのもいいでしょう。もし、まわりにそうした人がいなければ、ＳＮＳなどで有名な投資家をフォローすることから始めてみてもいいでしょう。

BOOK

『改訂版　金持ち父さん貧乏父さん』

ロバート・キヨサキ著　白根美保子訳
（筑摩書房、2013年）

時代が変わっても古びない原理原則を示す「お金」の基本図書。世界51か国語に翻訳され、109か国で読まれているベストセラーの改訂版。

BOOK2

この本もおすすめ

『改訂版　金持ち父さんのキャッシュフロー・クワドラント』

ロバート・キヨサキ著　白根美保子訳
（筑摩書房、2013年）

「金持ち父さん」シリーズ第２弾。収入形態ごとの４つのクワドラント（タイプ）という概念を提唱した実践編の改訂版。

教え3

ネットオークションに出品してみよう。

——ロバート・アレン（投資家／作家）

ロバート・アレン氏はアメリカの著名な作家であり、世界的なマネーコーチ、財産構築のプロとして知られています。

彼はわずかな元手で莫大な不動産を手に入れ、そのノウハウを人々に共有するために最初の著書である『ナッシング・ダウン』（金沢正二訳、エムジー出版）を著します。これが125万部に達し、不動産投資関連としては史上最も売れた本となったそうです。そしてその後も『ワン・ミニッツ・ミリオネア』（マーク・ヴィクター・ハンセンとの共著）など、お金に関するベストセラー本を次々と世に送り出します。

そんな彼の著書の1つ、『ロバート・アレンの実践！　億万長者入門』は文字通り、普通の人が億万長者になるための方法をかなり具体的、実践的に書き著した名著です。

彼は本書の中で、億万長者になるための最もシンプルな方法として、**「複数の収入源を持つこと」**を提案しています。

複数の独立した「収入の流れ」を作れば、たとえ1つの収入源を失っても大きな痛手を受けないようになる、というわけです。

そして具体的に富を生み出す、収入源の「山（マウンテン）」として、**「①不動産マウン**

テン」「②投資マウンテン」「③マーケティングマウンテン」の3つを挙げています。

①の「不動産マウンテン」には、不動産の購入・維持、抵当流れ物件の転売などが該当します。また②の「投資マウンテン」には、インデックスファンド（投資信託の一種）などが、③のマーケティングマウンテンには、情報ビジネス、ライセンスビジネス、ネットワークマーケティング、インターネットビジネスなどが該当するそうです。

彼のこうした教えには定評があり、「アメリカのハローワークで失業者に声をかけて2日間のみのコーチングで彼らの生活を劇的に豊かにした」「彼の講義を受けて14歳の少年がビジネスを始めて豊かになった」「実際に彼の教えで億万長者になった人をテレビ番組で調査したところ、101人が億万長者になった証人として名乗り出た」などの伝説があるそうです。

私たちも、本業以外の「収入源」を作れないか、検討してみましょう。いきなり副業を始めるのはハードルが高いとしたら、**自宅で不要なものなどを集め、ネットオークションなどに出品してみる**のもいいでしょう。それ自体が大きな儲けになるかどうかよりも、本業以外で「収入の流れを作る」という意識を持つことが重要なのです。

BOOK

『ロバート・アレンの実践！　億万長者入門』

ロバート・アレン著　今泉敦子訳　神田昌典解説
（フォレスト出版、2002年）

自分の財務状態をコントロールする方法、家にいながら１日1000ドル稼ぐ方法、年収をあと５万〜10万ドル多くする方法などを伝授する書。

BOOK2

この本もおすすめ

『ワン・ミニッツ・ミリオネア』

マーク・ヴィクター・ハンセン／ロバート・アレン著　楡井浩一訳
（徳間書店、2003年）

右ページには物語編、左ページには実践編が書かれた異色の構成で、「手っ取り早くお金持ちになる方法」を指南する１冊。

教え4

クレジットカードを持たずに生きよう。

——伊藤雅俊（イトーヨーカ堂創業者）

伊藤雅俊氏は、大手大型スーパーチェーン、イトーヨーカ堂の創業者です。イトーヨーカ堂は、イオンやダイエーなどとともに、戦後の大量生産・大量消費時代に大きく発展を遂げ、現在でもセブン-イレブン、そごう・西武、デニーズなどを擁する巨大企業グループ、セブン&アイ・ホールディングスの中核企業として君臨しています。

同社は、1940年に叔父が経営していた用品店を雅俊氏の兄がのれん分けさせてもらい、浅草に「羊華堂《ようかどう》浅草店」を持ったことに端を発します。そして兄の急逝に伴い、1956年に雅俊氏が羊華堂を継ぐことになります。

1961年、NCR（ナショナル・キャッシュ・レジスター）社が主催するアメリカの視察旅行に出かけた彼は、同国で商業の中心が中央都市の百貨店から郊外の大型スーパーに移行していることに衝撃を受け、これからは日本もチェーンストアの時代に突入していくことを確信します。

そして帰国後、半年で2号店の赤羽店を、翌年には北浦和店をオープンさせ、その後は怒濤《どとう》の勢いで全国にチェーン展開をしていくことになるのです。

彼が著した『伊藤雅俊の商いのこころ』によると、**彼はとにかく借金が大嫌いで、でき**

る限り借金はしないし、やむをえず借用するときにも必ず期限内に返す、ということを徹底していたそうです。そのため同社は現金仕入れを原則としており、チェーン展開をするまでは手形も出さない無借金経営を貫いていました。こうした姿勢を評して、当時の三井銀行の田中久兵衛副社長（のちの社長）に「約定通り返済するのはあなたくらいだ」と驚かれたという逸話が残されています。

彼のそうした堅実な経営のおかげで同社は財務内容に優れ、アメリカの格付会社から「シングルＡ」という高い評価を得て、かなり安い金利で資金調達ができたと言います。

これは非常によくできた善循環と言っていいでしょう。**できる限り借金をしないように収支を徹底管理し、たとえ借りる場合でも期限内にきちんと返済をする、という姿勢によって、ますます信用が上がり、さらにお金が集まってくる、**というサイクルです。同社の発展の裏には、伊藤雅俊氏のこうした誠実で堅実な金銭感覚があったと考えられます。

私たちもこうした金銭感覚を見習いたいものです。たとえば、**クレジットカードをついつい使いすぎてしまう人は、思い切って解約する**ことも考えてみましょう。少なくともそれで、毎月のカードの支払いに追われる生活からは脱することができるはずです。

BOOK

『伊藤雅俊の商いのこころ』

伊藤雅俊著
（日本経済新聞出版社、2003年）

イトーヨーカ堂グループを築き上げた創業者、伊藤雅俊氏がその生涯を振り返る。最後の大商人の「経営哲学」とは。

BOOK2

この本もおすすめ

『挑戦　我がロマン』

鈴木敏文著
（日本経済新聞出版社、2014年）

日本初のコンビニ、セブン-イレブンを創業、日本最大の流通グループを築き上げた著者が、常識と戦い、自己革新を続けてきた軌跡を振り返る。元本に大幅に加筆し文庫化。

教え5

「一生モノ」のアイテムを買おう。

——柳井正（ファーストリテイリング創業者）

柳井正氏は、カジュアルウェア販売チェーン、ユニクロを中心とする企業グループ、ファーストリテイリングの創業者であり、現在も代表取締役会長兼社長を務める人物です。

前述の「フォーブス」の発表する世界長者番付では2015年、2016年に日本人の富豪の中でトップに輝いています。

彼は1949年、山口県に生まれ、早稲田大学を卒業し、ジャスコに入社したのち、父親が創業した、「メンズショップ小郡商事」（ファーストリテイリング社の前身）に入社し、1984年に父のあとを継いで同社の社長に就任しています。

その後、カジュアルウェアを扱うユニクロの店舗を広島市に初めて開店したのを皮切りに店舗を拡大していきます。1999年に一部上場を果たし、現在では海外のブランドなども傘下に収める大企業へと発展しています。

彼は、2015年に書いた著書、『経営者になるためのノート』の中で、経営者が身につけるべき4つの力として、**「①変革する力」「②儲ける力」「③チームを作る力」「④理想を追求する力」**を挙げています。

このうち、「②儲ける力」をつけるために、「これだ！　というものに経営資源を集中する」こと、その際には「費用対効果を真剣に考えること」の大切さを説いています。

具体的には彼は、**メリハリをつけてお金を使うべき**だと述べています。使わなくて済むものに関しては全面的にカットし、大きな効果があって飛躍のもとになる可能性があるものには倍使う、という使い方が経営者として望ましい、と言うのです。229ページでも述べますが、お金持ちはみな、徹底的にムダを嫌います。同時に、意義や可能性を感じられる事業には積極的にお金を投資していく傾向があります。そのため、それが当たったときのリターンが高く、儲かったら一気に資産を増やすことができるのです。

彼の言葉通り、ユニクロはヒートテックやフリースなど、重点商品を集中的に開発し、これを積極的に販売することで成長を遂げてきました。特に同社の看板商品であるヒートテックは、2008年には2000万枚、2009年には2800万枚、そして2010年には5000万枚を売り切り、同社の発展の礎となりました。

私たちもこうした姿勢を見習い、メリハリを考えてお金を使うようにしてみましょう。たとえば安物の靴を買って何度も履き潰すよりは、少し高めの靴を買って大切に履く。他にも、**時計やバッグ、万年筆など、「一生モノ」のアイテムに惜しみなく投資することで、あなたの印象はアップし、結果、費用対効果も高くなる**はずです。

BOOK

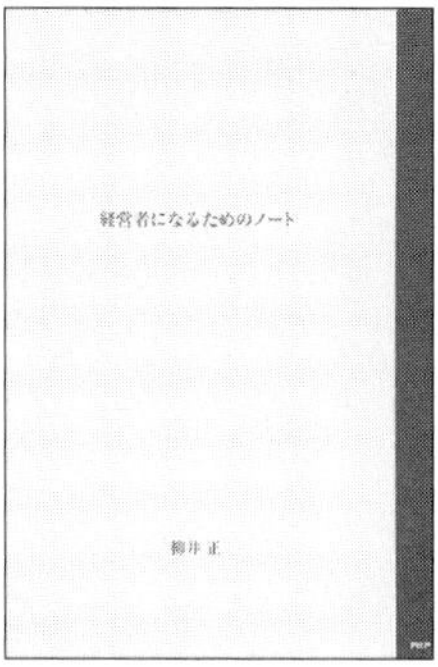

『経営者になるためのノート』

柳井正著
（ＰＨＰ研究所、2015年）

ユニクロの創業者、柳井正氏による、同社幹部社員が使う門外不出のノート。豊富なスペースをとった欄外に気づきを書き込めば、自分だけの１冊に。

BOOK2

この本もおすすめ

『一勝九敗』

柳井正著
（新潮社、2006年）

10の施策があれば、９は失敗だった。失敗から学び素早く経営方針を変化させるユニクロの強さの秘密を語った、柳井正氏の原点。

教え6

毎晩、財布の中身を点検してみよう。

――斎藤一人（銀座まるかん創業者／作家）

斎藤一人氏は、化粧品や健康食品を販売する「銀座まるかん」の創業者であり、日本を代表する資産家として知られています。

本人によると、日本の高額納税者公示制度（いわゆる長者番付）で、1993年から12年連続でベスト10にランクインという日本記録を打ち立て、累計納税額も2004年までに合計173億円を納め、これも日本一だそうです。

また企業家としてだけでなく、人生訓や自己啓発に関する書籍を多数執筆していることでも知られています。

いったい彼はどうやってお金持ちになったのでしょうか。

彼の著書の1つ、『お金に愛される315の教え』の中で彼は、**「お金を愛し、お金を大切にすること」こそが、お金持ちになる近道**だと説いています。

たとえば、「お札はグチャグチャにせず、顔の向きをそろえて入れなさい」と言います。なぜなら、お金にきちんと礼を尽くさないと、お金は入ってこないのだそうです。

あるいは「道端に1円玉が落ちていたら、拾って汚れを綺麗にしてあげなさい」とも述べています。そうすれば、お金がお礼を言いに集まってきてくれる、と言うのです。

他にも「お金を支払うときは、お金に向かって『ありがとう』を言いなさい」と説いています。そうしてお金に感謝していると、またお金が帰ってきてくれる、ということです。

バカバカしいと思う人もいるかもしれませんが、こう考えたらどうでしょう。

たとえばお札の向きをそろえたり、1円1円を大切にしたり、「ありがとう」を言うように気をつけていれば、お金に対しての注意深さが増していきます。そうすると、今いくらあって、今月どれくらい使って、あとどれくらい残っているのかなどを自然と意識するようになるはずです。当然ムダ遣いが減り、本当に価値があることに投資する額も増え、結果としてお金がたまりやすくなるでしょう。

つまり、**お金に対する態度を変えることで、お金に対する意識が変わり、ひいてはお金の使い方そのものが変わる、**と言えるのです。日本の長者番付で12年連続でベスト10にランクインしている斎藤一人氏がそうしてお金持ちになったとしたら、これほど説得力のある言葉はないでしょう。

私たちも彼を見習って、**毎晩、財布の中身を点検する**といいでしょう。そうしてお金に対していつも注意を向けていることで、自然とお金の使い方自体が変わるはずです。

Chapter1
大富豪の「マネー」の教え

BOOK

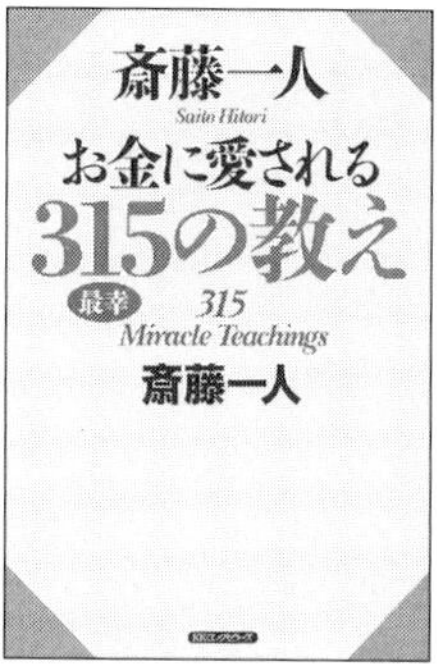

『お金に愛される315の教え』

斎藤一人著
（ロングセラーズ、2013年）

納税額日本一の実業家として知られる、斎藤一人氏が語る、お金をどうやって生かすかの知恵。

BOOK2

この本もおすすめ

『変な人が書いた成功法則』

斎藤一人著
（講談社、2003年）

人生が明るくリッチになる超簡単な方法は、誰でも今日から実践できる。ビジネスや商売の新常識も満載した大ベストセラーの文庫版。

教え7

不景気のときこそ株を買おう。

——本多静六（大学教授／投資家／造園家）

本多静六氏は、大学教授・投資家・造園家として、明治から昭和初期に活躍した人物です。独自の蓄財法と投資法を実践して莫大な財産を築きましたが、定年退官を機に、全財産を匿名で寄付したことでも知られています。

彼は、林学を学ぶためドイツのミュンヘン大学に学び、国家経済学博士号を得たのち、帰国し、東京農科大学（現・東京大学農学部）の助教授、教授になります。

その後、北海道の大沼公園、福島県の鶴ヶ城公園、埼玉県の羊山公園、東京都の明治神宮、日比谷公園、長野県の臥竜公園など、多数の公園の設計や改良に携わり、日本の「公園の父」と呼ばれています。

彼が晩年に著した『私の財産告白』によると、彼の蓄財法は、彼が**「四分の一貯金法」**と呼ぶ方法に集約されます。

「四分の一貯金法」とは、彼の説明によれば、「あらゆる通常収入は、それが入ったとき、天引き四分の一を貯金してしまう。さらに臨時収入は全部貯金して、通常収入増加の基に繰り込む」というものです。

次に彼の投資法は、彼が**「二割利食い、十割益半分手放し」**と呼ぶ方法で、「買値の2

割の益が出たらすぐに転売して益金を銀行の定期預金に預け、手持ちの株が2倍以上に騰《とう》貴《き》した場合は、半分を売り放ち、元金だけを預金に戻す」というものです。

また、投資戦の心構えとして、**「好景気時代には勤倹貯蓄を、不景気時代には思い切った投資を、時機を逸せず巧みに繰り返す」**ことを勧めています。つまり、不景気のときは安く買い集められるため、積極的に投資しておき、株価が上がった時点で高く売る、という考え方です。こうした世間と「逆張り」をする投資法は、糸山英太郎氏など、多くの投資家やお金持ちに通じるところがあります。

実際に彼自身が、彼の人生の中で「一番うまくいった」と述べている株式投資のエピソードを見てみましょう。関東大震災直後、すべての株が暴落して、電気会社などは10円近くまで下がったそうです。それを見た彼は、今買っておけば必ずもとに戻ると確信し、12円から買い進めた結果、彼の読み通り株価が戻って大儲けしたと述べています。

私たちも彼を見習って、**不景気で懐具合が苦しいときほど、あえて株式投資をしてみましょう。**最初はハードルを下げ、少額から始めてみるといいでしょう。

BOOK

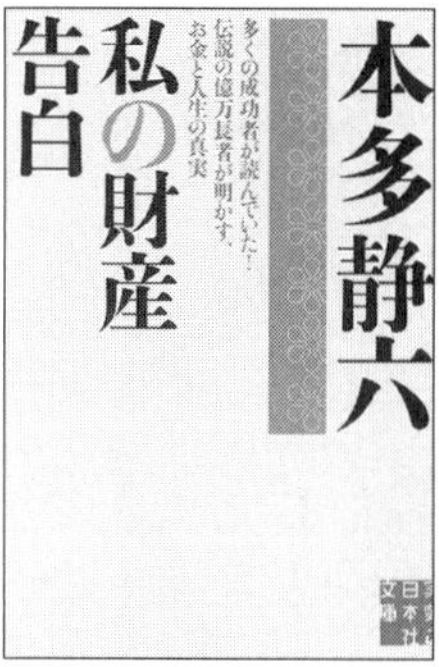

『私の財産告白』

本多静六著
（実業之日本社、2013年）

貧農に生まれながらも東大教授になり、巨万の富を築いた、本多静六氏。彼が晩年に語った、時代を超えて響く普遍の真理をまとめた1冊。待望の文庫化。

BOOK2

この本もおすすめ

『人生計画の立て方』

本多静六著
（実業之日本社、2013年）

まず「人生計画」を樹《た》てることなくして、完全な意義ある人生を築き上げることは難しい——。今も色あせない本多哲学の集大成の文庫版。

教え8

ランチ代を削って募金をしよう。

――笹川良一（フィクサー／日本財団創立者）

笹川良一氏は、戦前から戦後に活躍した政治運動家、実業家、慈善活動家であり、特に戦後は「政財界の黒幕」「フィクサー」と呼ばれた人物です。

彼は1899年に大阪に生まれ、村会議員を務めたのち、政治結社（右翼団体）、「国粋大衆党」を結党し総裁に就任します。戦後、連合国からA級戦犯として逮捕され、巣鴨プリズンに入獄。獄中では戦犯者の劣悪な待遇の改善を要求し、自身が釈放されてからも戦犯者やその家族への支援に奔走します。また日本船舶振興会（現・日本財団）を設立し、様々な社会奉仕活動・慈善事業を推進していったことでも知られています。

彼の伝記『悪名の棺　笹川良一伝』（工藤美代子著）によれば、彼は根っから投資の才に恵まれていたようで、村会議員時代、大阪に出て米相場や先物取引によって（現在の価値で）30億円近い富を儲けたと伝えられています。

そんな彼ですが、私生活は徹底して倹約に励んだとされています。たとえば朝食のメニューの定番はメザシ2本で、他には大根飯や卵かけご飯が多かったそうです。また昼食にはとけるまで煮込んだ素うどんに薄いお新香をよく食べていたと言います。

極めつけは風呂で、湯に入るときは浴槽の半分の量まで、と決まっており、うっかりお手伝いさんが多く入れすぎると叱られたというエピソードが残っています。

そんな彼の口グセは、**「金銀財宝、別荘や骨董品も死と同時に身から離れる」**で、自分のライフワークであった福祉事業には生涯を通じて惜しみなくお金を使いました。

たとえば戦犯者の支援活動として、収容されている人たちに新聞、ラジオ、レコードなどを大量に差し入れ、関係者の旅費や貧窮者の生活費まですべて彼が出していたそうです。また戦犯刑死者の遺族を援助するため遺族会を結成し、法要にかかる経費から、遺族の交通費、小遣い、病気の費用などをすべて彼の私費でまかなったとされています。

こうした彼の姿勢は共感を呼び、活動を通して多くの知己を得て、当時、巣鴨プリズンに収容されていた岸信介氏（のちの内閣総理大臣）をはじめ、政界に太いパイプができます。そして、支援活動の資金を集める目的でのちに競艇事業を始める際には、岸氏らを動かして、衆議院でモーターボート競争法を可決させます。これにより笹川一族は一連の競艇事業に関わる莫大な利権を手にすることになるのです。

私たちも彼を見習い、人のためにお金を使うようにしてみませんか。たとえば**ランチ代をいつもより１００円浮かして、その１００円を募金してみる**のはいかがでしょう。人からより応援される人になるように、お金の使い方を考えてみましょう。

BOOK

『悪名の棺　笹川良一伝』

工藤美代子著
（幻冬舎、2013年）

贅沢を厭い徹底した実利思考と天賦の才で財を成すも、天下国家のために奔走し、借金だけが残る。並外れた才覚と精力で金を操り人を動かした、日本の首領、笹川良一氏の素顔。

BOOK2

この本もおすすめ

『絢爛たる醜聞　岸信介伝』

工藤美代子著
（幻冬舎、2014年）

Ａ級戦犯容疑で巣鴨プリズンに３年間拘留されたものの、その後たった４年で首相に上り詰めた昭和の傑物、岸信介氏を描くノンフィクション。

Chapter 2

大富豪の「目標達成」の教え

教え9　目標を写真に撮って、スマホの待受画面にしよう。

教え10　SNSのプロフィールを「盛って」書こう。

教え11　ときには「見切り発車」で仕事をしよう。

教え12　ウソでも「できます！」と言い切ろう。

教え13　すごい目標をチームの「合言葉」にしよう。

教え14　今日の仕事の「ゴール」を決めよう。

教え15　半年で絶対に達成したい目標を決めよう。

教え16　目標に関する情報を徹底的に調べよう。

教え9

目標を写真に撮って、スマホの待受画面にしよう。

——ラクシュミ・ミッタル（ミッタル・スチール創業者）

ラクシュミ・ミッタル氏は、鉄鋼メーカー、ミッタル・スチール社の創業者、兼CEOであり、インド随一の資産家として知られています。「フォーブス」による世界長者番付では、2011年に、6位にランキングされています。

彼は1950年にインドのラージャスターン州に5人兄弟の長男として生まれました。「ラクシュミ」とはヒンズーの富の神から名前をとってつけられたそうです。

彼の父親は小さな鉄鋼会社の共同経営者をしており、ラクシュミ氏をはじめとする5人の兄弟も幼い頃から同社を手伝っていたそうです。

1963年、彼らは共同で圧延工場を建て、イスパットという会社を作ります。その後、次々と企業を買収しながら会社を急拡大させ、1997年には会社の総資産は25億ドルに達します。

そして2004年、同社など関係会社数社が合併し、ミッタル・スチールが誕生します。

『インドの鉄人　世界をのみ込んだ最後の買収劇』（ティム・ブーケイ／バイロン・ウジー著）によれば、彼が目覚ましい躍進を遂げていった背景には、**幼い頃から父親に「挑戦を受けて立て、新しいチャンスに怖じけづくな」とくり返し教えられていた**ことがあります。

また彼自身、幼少期から大望を抱いていたようで、彼が幼い頃使っていた物差しのうしろには、「ドクター・ニワース・ミッタル、商学士、経営修士、博士」と自らの目標が書かれていました。

このように**自分がかなえたいと思うことを書いて、ふだん使うものや部屋の壁などに貼り出すだけで、その目標を達成しやすくする効果がある**と言われています。

彼は実際、名門校、セント・ザビエル・カレッジに入学し、会計と商業数学で開校以来、最高の成績を残して卒業。経営会計の会計士を取得しました。

ミッタル・スチールの経営者になり、海外企業にひるむことなく次々と買収を続けることで、同社が世界最大の鉄鋼メーカーになることができたのも、彼のこうしたメンタリティが反映されていると考えられます。

私たちも彼を見習って、目標を紙に書き出してみましょう。そして**できれば、目標を書いた紙を写真に撮ってスマートフォンの待受画面にする**などして、1日に何度も目にするような環境を作るとなおいいでしょう。

BOOK

『インドの鉄人　世界をのみ込んだ最後の買収劇』

ティム・ブーケイ／バイロン・ウジー著　中島美重子他訳
（産経新聞出版、2010年）

新日鐵の３倍超の世界一企業が誕生！　ラクシュミ・ミッタル氏のミッタル・スチール社による史上最大、鉄鋼企業買収の攻防。そのすべてを描いた傑作。

BOOK2

この本もおすすめ

『大富豪インド人のビリオネア思考』

サチン・チョードリー著
（フォレスト出版、2012年）

マハラジャの時代からインドに伝わる成功哲学「ジュガール」とは何か。時給70万円のインド人実業家が語る「ゼロからビリオネアになれる」成功メソッド。

教え10

SNSのプロフィールを「盛って」書こう。

——ラリー・エリソン（オラクル創業者）

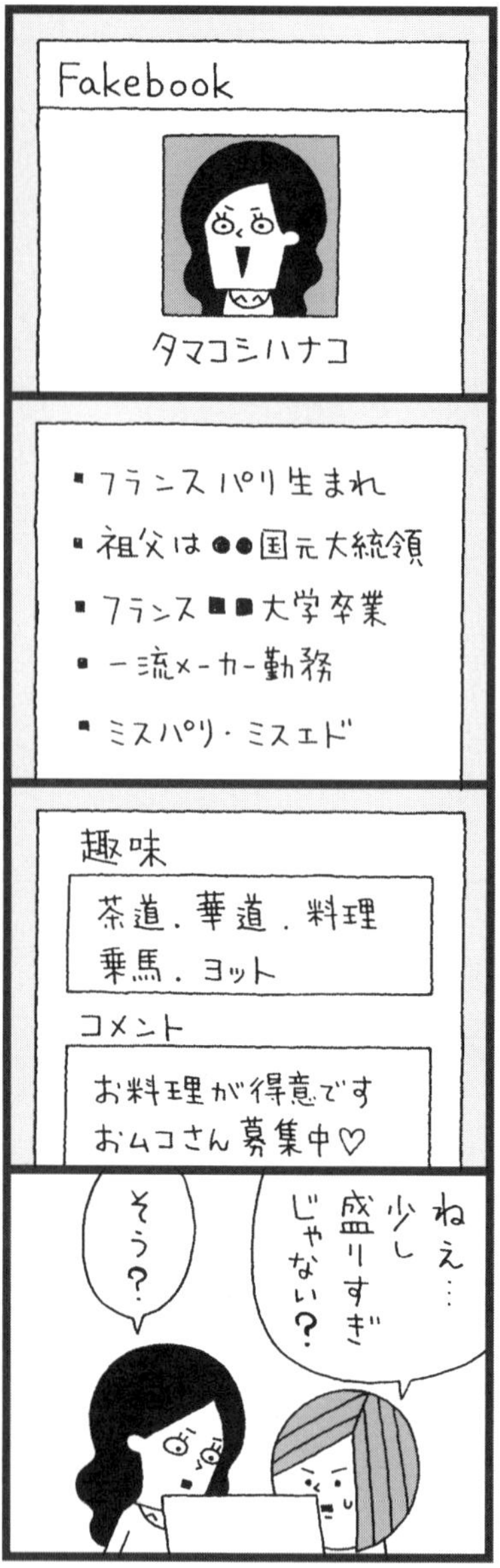

ラリー・エリソン氏は、ソフトウェア会社、オラクル・コーポレーションの創業者の1人であり、現在も会長を務める人物です。2016年の「フォーブス」によれば、世界で7番目の富豪とされています。

彼は1944年にニューヨークに生まれています。イリノイ大学、シカゴ大学を相次いで中退したのち、オーディオ機器メーカーのアンペックス社に入社。しばらく働いたあとに、1977年、現在のオラクル社を設立し、同社を急拡大させていくのです。

彼のことをつづった伝記、『カリスマ』（マイク・ウィルソン著）によると、彼には特有のクセとして、**事実を「脚色」して話す**ところがあるようです。

「現実に満足できなくなるとエリソンは、面白くて、いかにももっともらしい話をでっち上げた。つくり話はどれも馬鹿ばかしく、自分自身を美化したものばかりで、しかも、召喚状でも持ってこないかぎり、嘘だと証明するのは難しかった。」（同書より）

たとえば具体的なエピソードの1つとして、当時ある有望な顧客がオラクルの製品を購入するか検討している際に、その顧客から同社のプログラマーの数を聞かれ、本当は4〜5人のところを「15〜16人いる」と水増しして申告した、という話があります。

これに関して、オラクルの共同創業者であるエド・オーツ氏はこのように解釈していま す。「彼は時制に問題を抱えているんだよ」「エリソンにしてみれば、将来どうせ社員は50人になるのだから、いま50人いるといったって同じじゃないか、というわけだ」。

また彼の秘書だったジェニー・オーバーストリート氏も、「彼は多くの願望を現実のものにしてきました。……彼は、現在に生きているのではないのです」と述べています。

このように、**願望をすでにかなったかのように断定的に話すというアクションは、自己啓発の世界では「アファメーション」、心理学の世界では「自己達成予言」と呼ばれ、そうすることでその願望がかないやすくなる**と言われています。

実際に彼はそうやって次々と願望を現実のものにしてきました。同社がデータベース管理ソフトにおいて世界トップシェアとなったのも、願望を願望のままで終わらせず、必ず実現させるという彼の執念があってこそ成しえたことと言えそうです。

私たちも彼のように、自分の夢や願望をすでにかなったかのように表現してみませんか。まずは**ツイッターやフェイスブックといったSNSのプロフィールページを少し「盛って」書いてみましょう。**エリソン氏のようにそれを現実化できる日が来るかもしれません。

BOOK

『カリスマ（上・下）』

マイク・ウィルソン著　朽木ゆり子他訳
（SBクリエイティブ、1998年）

世界第２位のソフトウェア会社を率い、マイクロソフトを脅かす男、ラリー・エリソン氏。無一文でスタートし、億万長者への道を一気に駆け上がった謎の人物の全貌を描く。

BOOK2

この本もおすすめ

『オラクル流コンサルティング』

キム・ミラー著　夏井幸子訳
（日本実業出版社、2016年）

業界の巨人が蓄積してきた「世界最高峰のバリュー」を提供する技法を初公開。オラクル本社現役ディレクターがコンサルティングの「ベストプラクティス」をこの1冊に凝縮。

教え11

ときには「見切り発車」で仕事をしよう。

——マーク・ザッカーバーグ（フェイスブック創業者）

マーク・ザッカーバーグ氏は、世界的SNS、「フェイスブック」の開発者であり、同社の創業者の1人で、現在も会長兼CEOを務めています。2016年の「フォーブス」の世界長者番付には堂々6位にランクインする大富豪です。

彼は、1984年にニューヨーク州に生まれ、2004年、ハーバード大学に在学中、同大学生によるSNSサイト、「ザ・フェイスブック」（現・フェイスブック）を立ち上げると、またたく間にこれが世界に普及していきます。ある統計によれば、アメリカ、イギリス、オーストラリアなど、世界15か国以上で、人口の半分以上が同サイトに登録していると言われています（2015年時点）。

『フェイスブック　若き天才の野望』（デビッド・カークパトリック著）によると、彼は**何かを始める前にいちいち許可をとることを何よりも嫌う**といい、以下のようなエピソードを紹介しています。それはフェイスブックの前身とも言えるウェブサービス、「フェイスマッシュ」を立ち上げたときのことです。

この「フェイスマッシュ」は、同性の2人の人物を表示し、どちらのほうがより「ホット」かユーザーが投票するというものだったそうです。シンプルですが、ユーザーの下世話な好奇心と虚栄心を刺激するこのサービスは即座に大ブームを巻き起こします。

しかし、先の人物画像をあちこちから無断で集めたことから、すぐに学内の女性団体などから抗議の声が上がり、サービスは即時停止、ザッカーバーグ氏は大学の倫理規定批判、セキュリティへの侵害、著作権の侵害、プライバシーの侵害などで告発されます。

しかし、このブームに一定の感触を得た彼は、放免されたのち、今度はオンラインの学生名簿サービス、「ザ・フェイスブック」を立ち上げます。このときはユーザーの情報をユーザー自身にアップさせるようにしたことから、特に問題にはならず、すぐに学内、そしてコロンビア大学、スタンフォード大学など学外にも広がっていきました。

当初、「フェイスマッシュ」を立ち上げる前に、もし彼が大学の許可を求めていたとしたら、当然許可されるはずはなく、このサービスはリリースはされなかったでしょうし、その後のフェイスブックも生まれていなかったでしょう。

私たちも、自分自身の職業的良心に賭けて、**「お客様のためになる」「自社に寄与する」と確信できることがあれば、ときには会社の許可をとる前に「見切り発車」で動き出すことも必要**です。それが本当に顧客や会社のためになることであれば、たとえあとで怒られても、長い目で見れば、大きな成功につながる可能性があるのです。

BOOK

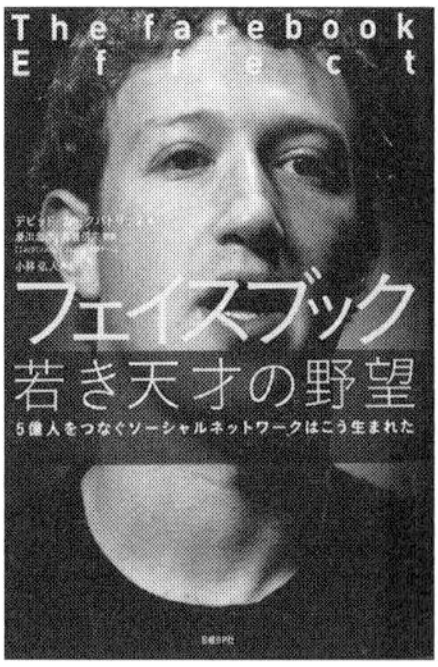

『フェイスブック　若き天才の野望』

デビッド・カークパトリック著　滑川海彦他訳　小林弘人解説
（日経BP社、2011年）

フェイスブック社を率いるマスコミ嫌いのＣＥＯ、マーク・ザッカーバーグ氏からの信頼を勝ち得たベテラン記者が徹底取材。フェイスブックの真実を初めて明かす。

BOOK2

この本もおすすめ

『ツイッター創業物語　金と権力、友情、そして裏切り』

ニック・ビルトン著　伏見威蕃訳
（日本経済新聞出版社、2014年）

思いがけない創業、友達の裏切り、そして「ツイッター」が世界3億人のユーザを獲得するまでの軌跡を、4人の共同創業者を軸に描き出した全米ベストセラー。

教え12

ウソでも「できます！」と言い切ろう。

——ビル・ゲイツ（マイクロソフト共同創業者）

ビル・ゲイツ氏は、言うまでもなくマイクロソフト社の創業者であり、世界長者番付で13年連続1位となった、現代を代表する億万長者です。

ゲイツ氏は、1955年にシアトルで生まれました。レイクサイド・スクール（中学～高校）のときに初めてコンピュータに出合い、「虜になってしまった」と言います。

そしてハーバード大学在学中の1975年に、盟友、ポール・アレン氏とともにマイクロソフト社を創業します。1980年、IBM社からの依頼でOSを開発したことを皮切りに、ウィンドウズシリーズなどでコンピュータの世界を変えていきます。

『ビル・ゲイツ　巨大ソフトウェア帝国を築いた男』（ジェームズ・ウォレス／ジム・エリクソン著）には、彼らがマイクロソフト社を創業するきっかけとなるエピソードが描かれています。

当時、アレン氏が愛読していた雑誌「ポピュラー・エレクトロニクス」を読み、世界初の個人向けコンピュータ、アルテア8080がMITS社によって開発されたことを知った2人は、これにプログラミング言語のBASICを移植することを決意します。

そして、まだ実際には完成していなかったのにもかかわらず、ゲイツ氏はMITS社に電話をかけ、同社のエンジニア、エド・ロバーツ氏に向かって、**「自分と友人とでアルテアコンピュータ用のBASICを開発した」と言い切る**のです。

電話が終わった2人はその言葉がウソにならぬよう、すぐに開発に着手します。そして苦労の末に、ロバーツ氏と約束した期日までに見事、BASICを完成させました。これが彼らにとっての最初の「事業」となったのです。

彼のこうした**「ハッタリをかます」**というクセは、マイクロソフト社を創立してからも一貫しており、同社がコンピュータ業界の覇権を握るきっかけとなったOS、ウィンドウズシリーズも、1983年11月に記者発表された時点では、まだ設計すらできていなかったと言われています。

そして2年後にようやくウィンドウズ1・0がリリースされて以降、バージョンアップを重ね、1995年にウィンドウズ95が発表されるとこれが世界を席巻して市場シェア1位となり、コンピュータ市場における絶対的な地位を築き上げるのです。

私たちも、「ここが千載一遇のチャンス」というときには、彼のように、**たとえハッタリでも「できます!」と言い切ること**が大事です。その言葉がウソになるか真実になるかは、自分のがんばり次第なのですから。

BOOK

『ビル・ゲイツ　巨大ソフトウェア帝国を築いた男』

ジェームズ・ウォレス／ジム・エリクソン著　奥野卓司監訳
（翔泳社、1992年）

米国史上最年少の36歳で長者番付第１位。最もハードな企業間戦争を勝ち抜いた若き帝王、ビル・ゲイツ氏の素顔と、世界のコンピュータ業界を支配した驚異の経営戦略を描く。

BOOK2

この本もおすすめ

『人生で大切にすること』

ビル・ゲイツ・シニア／メアリー・アン・マッキン著　小川敏子訳
（日本経済新聞出版社、2010年）

世界一の億万長者ビル・ゲイツ氏はどんな家庭で育てられたのか。彼の実父が、その家族生活と教育方針、子どもたちへの人生のアドバイスを豊富なエピソードとともにつづる。

教え13

すごい目標をチームの「合言葉」にしよう。

——稲盛和夫（京セラ創業者／KDDI創業者）

稲盛和夫氏は、京セラ、ＫＤＤＩという２つの巨大企業を創設した、日本を代表する名経営者の１人です。優れたリーダーシップを発揮することでも知られています。また「フォーブス」の２０１２年の日本の富豪ランキングでは31位となっています。

彼は１９５５年に鹿児島で生まれます。鹿児島県立大学（現・鹿児島大学）工学部を卒業して碍子《がいし》（電線とその支持物との間を絶縁するために用いる器具）メーカーの松風工業に入社したのち、同社の社員８人とともに現在の京セラを設立、その技術力の高さから急スピードで成長を遂げます。

１９８４年には通信事業の自由化に際し、第二電電を設立。のちにＫＤＤとなり、他社と合併して現在のＫＤＤＩとなります。２０１０年には経営破綻したＪＡＬの会長に無報酬で就任、３年足らずで再上場させ、その手腕が改めて評価されました。

稲盛氏の自伝である『稲盛和夫のガキの自叙伝』によると、彼は**若い頃からチームのモチベーションを高めることに長けていた**ようです。

松風工業の時代には肉体労働にはげむ部下たちを集め、毎晩のように自腹で酒をおごり、はげましていたと伝えられています。

また京セラ立ち上げの際には、8人の創業メンバーたちと「世のため人のためになることを成し遂げる」という誓いを立て、全員で血判を押しました。そして酒を飲むと必ず、**「今はこんな小さな会社だが、いつか京都一になろう。京都一になったら今度は日本一になろう。そして最後は世界一だ」と気宇壮大な夢を語っていた**そうです。

最初のうちは部下たちも「また言うとる」と聞き流していましたが、これを何十回、何百回と聞かされるうちに本当にかなうような気になったと言います。

60ページでも述べたように、目標は公言することで達成しやすくなると言われています。さらにそれをチームや組織に共有することで、そのモチベーションをまわりに伝染させ、チームや組織全体のパフォーマンスを高めることができます。

実際に彼はそうやって、ただの町工場も同然だった京セラを、たった一代で世界的企業グループに育てていったのです。

私たちも、会社のチームや仲のよい友達グループの中で大きな目標を定め、それを「合言葉」にしてみませんか。**それがどんなに壮大な目標だとしても、稲盛氏のように仲間と共有し、くり返し言い続けることで、いつか達成することができる**はずです。

BOOK

『稲盛和夫のガキの自叙伝』

稲盛和夫著
（日本経済新聞出版社、2004年）

人一倍の情熱と強い信念を持って京セラを世界的な企業に育てた硬骨経営者、稲盛和夫氏の自伝。独特な哲学、そして公私にわたる忘れがたき数々のエピソードを熱く語る。

BOOK2

この本もおすすめ

『稲盛和夫の実学』

稲盛和夫著
（日本経済新聞出版社、2000年）

儲けとは、値決めとは、お金とはじつは何なのか。身近なたとえ話からキャッシュベース、採算向上、透明な経営など７つの原則を説き明かす、決定版。

教え14

今日の仕事の「ゴール」を決めよう。

——堀江貴文（実業家／旧ライブドア創業者）

堀江貴文氏は2000年代に時代を席巻した実業家で、（当時の）ライブドアの創業者・社長であり、現在も多方面で挑戦を続け、精力的に活躍されている人物です。2005年の「フォーブス」の「日本の富豪40人」には最年少で40位に入りました。

彼は1972年に福岡県で生まれ、東京大学在学中に有限会社オン・ザ・エッヂを設立、インターネット黎明期に急速に会社を成長させていき、その後2002年、経営破綻した旧ライブドア社から営業権を取得して同社の社長に就任します。

彼の名前を世間に一気に知らしめたのは、2004年のプロ野球球団買収騒動でしょう。全国的にはほぼ無名だったライブドアという会社とその社長の堀江氏が、当時の近鉄バファローズを買収したいと発表したことに、世間は大きな衝撃を受けました。

その後、2006年に突如、証券取引法違反容疑で逮捕され、再び世間を驚かせます。そして裁判の結果、実刑判決を受け、長野刑務所に2年ほど収監されたのち、2013年に仮釈放となっています。

彼は出監後、『ゼロ』という書籍を出しています。逮捕によってすべてを失った堀江氏が「働くこと」の意味を問いかけた良書です。

同書の中で、彼は、**仕事のやりがいとは「見つける」ものではなく、自らの手で「作る」**

ものだと強調します。

たとえば、彼は東京拘置所での懲役中、「無地の紙袋をひたすら折る」という作業を与えられます。与えられたノルマは50枚だったそうですが、時間内にノルマギリギリしか折れず、彼は悔しい思いをします。そこで彼は折り方の手順をゼロベースですべて見直し、創意工夫を凝らします。その結果、3日後には見事、79枚の紙袋を折ることに成功したそうです。

これが仕事の喜びだ、と堀江氏は言います。**自らゴールを設定し、少しずつ目標達成をくり返していく。そうすることで、その仕事を好きになることができる**というのです。

たしかに堀江氏の半生を追うと、目標へのチャレンジの連続です。近鉄バファローズに対する球団買収をはじめ、ニッポン放送（およびその子会社のフジテレビ）への敵対的買収、衆議院議員選挙への立候補、宇宙開発事業への参画など、何回挫折してもまた新しいことにチャレンジしていくその背景には、こうした意識があると考えられます。

私たちも彼を見習って、もっと仕事を楽しむ工夫をしてみましょう。まずは**今日の仕事のゴールラインを設定する**ことから始めてみませんか。毎日、小さな目標達成をくり返すことで、楽しみながら、いつのまにか大きなゴールにたどり着けるでしょう。

BOOK

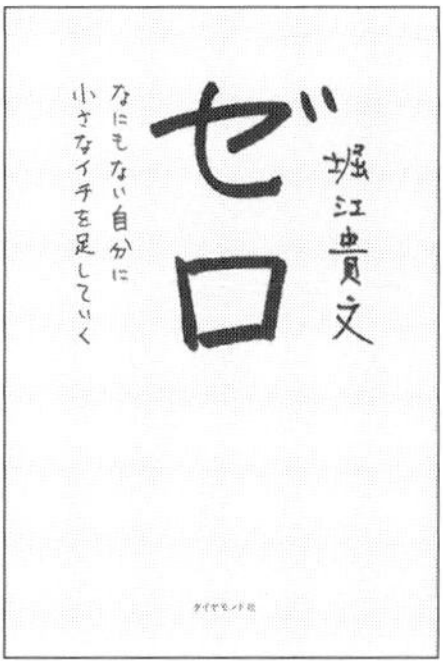

『ゼロ』

堀江貴文著
(ダイヤモンド社、2013年)

再び「ゼロ」となって、何かを演じる必要もなくなった堀江貴文氏が、初めて素直に、ありのままの心で語る、「働くこと」の意味と、そこから生まれる「希望」について。

BOOK2

この本もおすすめ

『本音で生きる』

堀江貴文著
(SBクリエイティブ、2015年)

徹底的に言うべきことを言い、やるべきことをやる。他人に振り回されない人生を送る堀江貴文氏が語る、後悔しない生き方のヒント。

教え15

半年で絶対に達成したい目標を決めよう。

――藤田晋（サイバーエージェント創業者）

藤田晋氏は、「アメーバ」などのウェブサービスを提供するサイバーエージェントの創業者であり、2016年現在も代表取締役社長を務める人物です。2014年に「フォーブス」が発表した日本の長者番付では47位にランクインしました。

彼は1973年に福井県に生まれます。青山学院大学経営学部を卒業後、1998年にサイバーエージェントを立ち上げると、同社を急成長させていきます。

2000年には当時史上最年少の26歳で同社を東証マザーズに上場。そして2004年には「アメーバブログ」のサービスを開始、のちに日本を代表するブログサービスとして成長させます。

彼が書いた『起業家』には、このアメーバブログが軌道に乗るまでの苦悩が赤裸々につづられています。

2006年、長年のライバルであり、盟友でもある堀江貴文氏が社長を務めるライブドア社に証券取引法違反で強制捜査が入ります。そこから、ネット関連企業の株価は急降下し、サイバーエージェントの業績も悪化の一途をたどります。

そんな中、会社を救う主力事業として藤田氏が最後の望みを託したのは、立ち上げ以来ずっと赤字を垂れ流し続けた、アメーバブログでした。彼は腹をくくり、２００７年に「事業を２年以内に黒字にする。それができなければ責任をとって会社を辞める」ことを宣言。そのための短期目標として、彼は８か月で月間30億ページビューを超えることを掲げ、これ以外の経営指標は一切見ないことに決めます。

そして、技術力を強化するためにサイト作成をすべて内製化すると同時に、「アメーバピグ」など企画力の高いサービスをリリースするなど、全社一丸となって取り組んだ結果、６か月後には目標の30億ページビューを超えたばかりか、約束の２年後の２００９年には損益分岐点を超えて、見事に黒字を達成するのです。

この成功の裏には２つのポイントがあります。

１つは**目標をブレイクダウンした**こと。長期的目標の手前に達成しやすい短期的目標を設定してこれを達成することで、社員に自信と弾みをつけることができたのです。

もう１つは、**目標をページビューのみに絞った**こと。この結果、この目標だけに集中し、リソースを集中投下することができたわけです。

私たちもこの成功事例にならい、**今後半年で絶対に達成したい目標を決めてみましょう。**それも、できれば複数ではなく１つの目標に絞ると、より達成確率を高められます。

BOOK

『起業家』

藤田晋著
(幻冬舎、2015年)

サイバーエージェント、藤田晋氏の起業家としての重圧と孤独、仕事の手腕と熱意すべてを赤裸々につづる。働く意欲をかき立てるノンフィクションの文庫版。

BOOK2

この本もおすすめ

『渋谷ではたらく社長の告白』

藤田晋著
(幻冬舎、2013年)

平凡なサラリーマン家庭に育った著者が経験する起業、上場、そしてネットバブル崩壊……。『起業家』以前の半生を描き尽くしたノンフィクションの文庫版。

教え16

目標に関する情報を徹底的に調べよう。

——与沢翼（フリーエージェントスタイル創業者）

与沢翼氏は、かつて、アフィリエイト会社、フリーエージェントスタイル社の創業者、兼会長として、一世を風靡した人物です。当時、「ネオヒルズ族」「秒速で1億円を稼ぐ男」として持て囃《はや》されたのを記憶している方も多いのではないでしょうか。

彼は1982年に生まれ、埼玉県で旅館を経営する祖父母に育てられました。転校先で受けたいじめをきっかけに不良少年の仲間入りをします。そして高校を3日で中退し、16歳のときに地元で逮捕され、少年鑑別所に収容されます。

そこで祖父から差し入れされた、大平光代さんの『だから、あなたも生きぬいて』を読んで感動し、弁護士を目指して猛勉強した結果、早稲田大学に合格します。

その後、アパレル会社を設立するも破綻し、次にアフィリエイト会社のフリーエージェントスタイルを創業して大成功を収めます。しかし2014年、突如として同社が破産状態にあることを明らかにしました。現在はシンガポールでデイトレードなどの事業を行なうなど、若くして波乱に満ちた人生を送っています。

彼の、失敗しても立ち上がり、また失敗してもまた立ち上がる強さはどこにあるのでしょうか。経営破綻が発覚した直後に彼が出版した『告白』という著書の中から、その秘密を探ってみたいと思います。

彼によると、彼流のモチベーション維持方法は、**ある目標を定めたら、「その目標に関する情報を調べまくる」**という方法だそうです。それも1、2冊の本を読む程度ではなく、「関連書籍や雑誌を数十冊はもちろん、手引書やパンフレットなど、手に入るものは可能な限り取り寄せて、ひたすら読み込む」という徹底ぶりです。

実際に彼は、早稲田大学を受験した際には、キャンパスを見に行って各校舎の位置を確認したり、大隈重信像を眺めたり、大隈講堂に入ってみたりしていたそうです。同時に大学の歴史や大隈重信トリビアを調べるなど、徹底的な「早稲田オタク」ぶり。こうして早稲田大学を調べ尽くして同大学のイメージを具体化することで受験勉強へのモチベーションを上げた結果、彼は見事合格を果たします。

その後も彼は、アフィリエイトやデイトレードなど、自分に合った目標を次々に見つけては、大学受験のときのようにその目標を徹底的に調べ上げて、飛躍を遂げてきました。

私たちも彼のように、自分が達成したい目標ができたら、その目標に関する情報を調べまくってみましょう。それも**彼のように「徹底的に」調べること**がポイントです。

BOOK

『告白』

与沢翼著
（扶桑社、2014年）

愚かな過ちを戒めるためにも失敗、悪行、すべてをさらけ出し徹底的に恥をかき、反省したい……。与沢翼氏による衝撃の破綻宣言のすべて。

BOOK2

この本もおすすめ

『はだかの王様』

与沢翼著
（KADOKAWA、2014年）

会社はもちろん、仲間、部下、お金、高級外車、住居、信用、名誉、プライド……。経営破綻後、すべてを一気に失った与沢氏から学ぶ、42の「やってはいけないこと」。

Chapter 3

大富豪の「学びと遊び」の教え

サンクチュアリ出版＝本を読まない人のための出版社

はじめまして。
サンクチュアリ出版 広報部の岩田です。
「本を読まない人のための出版社」…って、なんだソレ！って
思いました？ ありがとうございます。
今から少しだけ自己紹介をさせて下さい。

今、本屋さんに行かない人たちが増えています。
ゲームにアニメ、LINEにfacebook…。
本屋さんに行かなくても、楽しめることはいっぱいあります。
でも、私たちは
「本には人生を変えてしまうほどのすごい力がある。」
そう信じています。

ふと立ち寄った本屋さんで運命の1冊に出会ってしまった時。
衝撃だとか感動だとか、そんな言葉じゃとても表現しきれない程、泣き出しそうな、叫び出しそうな、とんでもない喜びがあります。

この感覚を、ふだん本を読まない人にも
読む楽しさを忘れちゃった人にもいっぱい
味わって欲しい。
だから、私たちは他の出版社がやらない
自分たちだけのやり方で、時間と手間と
愛情をたくさん掛けながら、本を読む
ことの楽しさを伝えていけたらいいなと思っています。

教え17　週に1日は思いっ切り遊ぼう。

教え18　昔、大好きだったことに挑戦してみよう。

教え19　業界のニュースを毎日チェックしよう。

教え20　書店や図書館に「定点チェックする棚」を作ろう。

教え21　1日1つ、アイデアをノートに書きとめよう。

教え22　昔、夢中になった「ゲーム」を思い出そう。

教え17

週に1日は思いっ切り遊ぼう。

——ヘンリー・フォード（「自動車王」／フォード・モーター創業者）

ヘンリー・フォード氏は、アメリカの自動車メーカー、フォード・モーターを創業した「自動車王」として知られています。また、ライン生産方式による大量生産技術を確立する一方で、現在で言う「ワーク・ライフ・バランス」の概念を先取りして、とり入れていました。

彼は1863年にアメリカのミシガン州で生まれます。見習い機械工として働き始めた彼は、1891年にエジソン照明会社の技術者となり、その後、四輪自動車の製作に成功します。そして1899年、デトロイト自動車会社を創業、紆余曲折を経て、さらに1903年にフォード・モーター・カンパニーを立ち上げます。

そこで新しく設計した車は、自動車速度の世界新記録を作り、アメリカ全土にその名前が響き渡ります。そして満を持して1908年に発表された「T型フォード」と呼ばれる自動車モデルは、本格的な大衆車として世界各国で爆発的に普及し、世界で累計1500万台以上も生産されたと言われています。フォード氏自身も、歴史上の億万長者の中でもベスト10に残るほどの資産家になりました。

前述のように、フォード氏は徹底的に生産効率を高め、1日8時間労働、週5日労働という現代の働き方モデルを初めて確立した人物でもあります。

その理由について彼は、著書『藁《わら》のハンドル』の中で、**これくらいの労働時間が生産性を最大化できる長さだから**と述べています。

そしてもう1つ、彼が大事にしていたことは、**「仕事と余暇のバランスをとること」**だったそうです。終始、仕事ばかりしていると頭の働きが鈍くなると彼は言います。たとえば、草木や小鳥を愛でたり、野山を歩いたり、ドライブをしたりすることで、より一層創造性を上げることができると言うのです（ちなみに彼自身は余暇活動として、ダンスを愛好していたようです）。

このように、労働時間やワーク・ライフ・バランスを調整しつつ、生産体制を整えて労働生産性を高めた同社は、T型フォードの年生産台数を10年間で1万台から100万台に伸ばして世界を席巻しました。

私たちも彼を見習って、仕事とプライベートのバランスをとり、仕事の生産性・効率性を高めてみましょう。特に、**週に1日は意識的に「遊びの日」を設け、その日は思いっ切り遊ぶようにしてみる**といいでしょう。

BOOK

『藁《わら》のハンドル』

ヘンリー・フォード著　竹村健一訳
（中央公論新社、2002年）

アメリカの自動車王ヘンリー・フォード氏。今日の資本主義の基礎を築いた起業家の１人であり、自動車の大量生産方式を確立した人物の生涯をつづる。

BOOK2

この本もおすすめ

『自動車と私　カール・ベンツ自伝』

カール・ベンツ著　藤川芳朗訳
（草思社、2013年）

1886年、ベンツ氏は世界で初めて自動車の実用化に成功、特許を取得した。そこにはどのような困難があり、どう克服したのか。最晩年に自らの発明と人生を情熱的に語った自伝。

教え18

昔、大好きだったことに挑戦してみよう。

――ハワード・ヒューズ（実業家／映画プロデューサー／飛行家）

ハワード・ヒューズ氏は、アメリカの実業家で、「地球上の富の半分を持つ男」とまで言われた、20世紀を代表する億万長者として知られます。

彼は1905年にヒューストンに生まれました。父親は、鉱物を掘削する機械を販売するヒューズ・ツール社を経営していましたが、18歳のときに急逝、ヒューズ氏が同社の株の75%を引き継ぎ、その後、社の全権を掌握することになります。

『ハワード・ヒューズ』(ジョン・キーツ著)によれば、彼は一生涯を通じて「飛行機」を偏愛し、その操縦や撮影にすべての情熱と莫大な資産を投じています。

たとえば彼は映画会社を買収し、1930年に第1次世界大戦のパイロットたちを描いた「地獄の天使」という作品を制作して大ヒットさせます。この撮影に際しては、大戦当時の本物の戦闘機や爆撃機87機を購入し、実際に飛行させたという逸話が残っています。

また1935年には、航空機製造会社、ヒューズ・エアクラフトを設立したり、1939年にはトランス・コンチネンタル・アンド・ウェスタン航空(のちにトランス・ワールド航空に改名)を買収したりするなど航空会社の経営にも携わります。

彼のすごいところは、**飛行機以外のことにはまったくと言っていいほど無関心で無頓着**

教え18
昔、大好きだったことに挑戦してみよう。

だったところです。

若くして資産家になり、しかもハンサムだった彼は当然ながら女性にとてもモテたようですが、デートの約束をしても平気ですっぽかしたり、たとえ会えたとしても一緒に飛行家や機械工などがいて、彼らと飛行機の話で夢中になっていたそうです。

また身なりもほとんど気を使わなかったようで、ある雨の夜、ボロボロの格好で歩いていた彼は不審者と間違われて警察に連行されたというエピソードが伝えられています。連絡を受けたヒューズ・ツール社の役員が署に駆けつけるまで、警官たちは目の前にいる小汚い男が世界有数の大金持ちであることをまったく信じられなかったそうです。

こうして飛行機に関すること以外の時間を最小限にして、飛行機のことだけに全精力を費やした彼は、１９３７年に自らの操縦で当時のアメリカ大陸横断記録を樹立するという偉業を成し遂げています。さらに１９３８年には91時間で世界一周飛行を行ない、当時の最速記録を樹立するということまでやってのけるのです。

私たちも彼を見習って、大好きなことに没頭できないか、考えてみましょう。ヒューズ氏の場合は幼い頃から飛行機が大好きでした。**あなたが小さい頃大好きだったことは何でしたか？** それを思い出して、もう一度挑戦できないか考えてみましょう。

BOOK

『ハワード・ヒューズ』

ジョン・キーツ著　小鷹信光訳
（早川書房、2005年）

ほしいものすべてを自分のものにし、ハリウッド女優たちとのロマンスで世界をわかせながらも、晩年には孤独な隠遁生活を選んだハワード・ヒューズ氏の謎に満ちた人生を描く。

BOOK2

この本もおすすめ

『ヴァージン　僕は世界を変えていく』

リチャード・ブランソン著　植山周一郎訳
（CCCメディアハウス、2003年）

階級社会のイギリスで、学歴もなく、ヒッピーのようなライフスタイルを貫きながらも、ヴァージン・アトランティック航空を含むヴァージン・グループを営む著者の初の自伝。

教え19

業界のニュースを毎日チェックしよう。

――李嘉誠（長江実業グループ創業者）

李嘉誠氏は、香港最大の企業集団・長江実業グループの創業者です。2016年の「フォーブス」の世界長者番付によれば、世界で20位の富豪となっています。

彼は1928年に中華民国の広東省に生まれ、日中戦争の戦火から家族とともにイギリスの植民地の香港に逃れました。1950年香港に「長江プラスチック」を作り、造花を「ホンコンフラワー」として売り出したところ、大ヒット。

1958年には不動産業に転身し、長江実業グループを設立して香港最大の不動産ディベロッパーとなりました。

そして1979年に和記黄埔（ハチソン・ワンポア）、1985年に香港電灯を買収、さらに勢力を拡大していくのです。

『李嘉誠　香港財閥の興亡』（西原哲也著）によれば、彼は若い頃から、非常に勉強熱心だったそうです。造花をヒットさせたときのエピソードを見てみましょう。

当時、英文の業界誌「プラスチック」を読んでいた彼は、イタリアの企業がプラスチックで作った造花を開発して大成功したことを知り、天啓に打たれます。

きっとこれを売ったら香港でも大流行すると確信し、即座にイタリアに飛びます。イタリアに着いた彼は、2日間かけて雑誌に載っていたプラスチックメーカーを探し出すと、何と、そのままそのメーカーの工場の従業員として働くのです。

工場内で廃材掃除の役を与えられた彼は、あらゆる製造工程をこっそりノートにメモ。造花を製造する技術を盗むと、香港に戻ってその技術を使って造花を作り、大ヒットを飛ばしました。

年老いた現在でも彼の勉強熱心な姿勢は変わらず、毎朝5時59分に起きてテレビで6時のニュース番組を見てから、ゴルフクラブでプレー。10時頃に会社に向かい、中国語メディアと、中国語に翻訳した英文メディアを読むという習慣があるそうです。

彼が大金持ちになったきっかけとなった造花も、そもそも英文の業界誌をチェックするという彼の習慣がなければ作られなかったでしょうし、こうした努力の結果として彼は中国でも一二を争う資産家となることができたのです。


というわけで、私たちも彼を見習って、**業界誌（紙）を読むなど、自分の働いている業界のニュースは日々、チェックする**習慣を持ちましょう。その際、李嘉誠氏のように朝の時間帯をうまく活用するとなお効率的です。

BOOK

『李嘉誠　香港財閥の興亡』

西原哲也著
（エヌ・エヌ・エー、2013年）

知られざる香港財閥の赤裸々な実態と、アジアの大富豪である李嘉誠氏について、アジア経済に精通した著者が描く決定版。

BOOK2

この本もおすすめ

『香港に住む大富豪41の教え』

大塚純著
（かんき出版、2010年）

現在、ルーズベルトのひ孫と一緒に中国で投資をし続ける著者が、香港で知り合った華人の大富豪の老人から教わった、これからのビジネスに必要な41の知恵。

教え20

書店や図書館に「定点チェックする棚」を作ろう。

——ポール・アレン（マイクロソフト共同創業者）

ポール・アレン氏は、ビル・ゲイツ氏とともにマイクロソフト社を創業した人物として知られています。

彼は1953年、アメリカのワシントン州に生まれます。レイクサイド・スクール時代にビル・ゲイツ氏と出会い、コンピュータの魅力にとりつかれた彼は、1975年、ゲイツ氏とともにマイクロソフト社を設立します。

その後しばらくゲイツ氏と二人三脚でマイクロソフト社を大きくしていきますが、1983年、持病であるホジキン病を理由に退社。そして同社の株の一部を売却し、文字通りの億万長者として悠々自適の生活に入ります。

彼の自伝である『ぼくとビル・ゲイツとマイクロソフト』によると、その後彼はNBAチームやNFLチームを買収したり、民間企業による宇宙飛行を目指しベンチャー企業を設立したり、大ファンだったジミ・ヘンドリックス氏の博物館を作ったり、地球外生命体を探索するプロジェクトを支援したりするなど、知的好奇心の赴くがままに精力的な活動を続けています。

彼のこうしたアクティブな行動力は、**幼い頃、本が大好きだった**ということが関係しているようです。成功者の中には、読書家だった人が多いですが（233ページ参照）、中でも彼は、父親がワシントン大学図書館に勤務していたこともあり、特にそれが顕著だったようです。特に科学書やSF小説が好きで、公立図書館にあるその棚の本はすべて読み尽くして、父の勤務する大学図書館でも片っ端から読み漁っていたと言います。

マイクロソフト社に勤務していた頃の彼の任務は、コンピュータをめぐる世界の動向を調査することでした。本人によれば「『エレクトロニクス・ニュース』『コンピュータ・デザイン』といった雑誌には必ず目を通していたし、ワシントン大学図書館のコンピュータ書の棚を定期的に見て、何か見過ごしていることはないかチェックするようにしていた」（同書より）そうです。

特に彼がベンチマークとして注目していたのがゼロックス社パロアルト研究所の技術であり、その技術の1つであるグラフィカル・ユーザ・インターフェース（GUI）はのちにウィンドウズに組み込まれ、爆発的なヒットを生む要因になりました。

私たちも、彼のように、**書店や図書館の中に、「定点チェックする棚」を作ってみませんか。**自分の興味ある分野や働いている業界の雑誌が置いてある棚を確認し、新しい本から新しい知識を学ぶことで、お金持ちに近づけるはずです。

BOOK

『ぼくとビル・ゲイツとマイクロソフト』

ポール・アレン著　夏目大訳
（講談社、2013年）

ビル・ゲイツ氏との出会い、裏切りと離別。その後のアイデア・マンとしての人生。新時代を作ったアイデアの人、ポール・アレン氏ならではの夢への挑戦を描いた自伝。

BOOK2

この本もおすすめ

『アップルを創った怪物』

スティーブ・ウォズニアック著　井口耕二訳
（ダイヤモンド社、2008年）

スティーブ・ジョブズ氏とともにアップルを創業した著者。名誉も地位もお金も求めず、人を喜ばせることしか考えていない規格外の男が、初めて創業の秘話を語る。

教え21

1日1つ、アイデアをノートに書きとめよう。

――孫正義（ソフトバンクグループ創業者）

孫正義氏は、ソフトバンクグループの創業者であり、常に革新的なアイデアで時代を切り開くカリスマ経営者として知られています。また、「フォーブス」発表の2014年の世界長者番付では、日本一の富豪とされています。

彼は1957年に佐賀県に生まれました。高校時代に渡米して、1980年にカリフォルニア大学バークレー校を卒業。そして日本に帰国し、1981年に、日本ソフトバンク（現、ソフトバンク）を設立し、急スピードで同社を拡大させていきます。

1996年には米ヤフーと合弁でヤフー株式会社を設立し、2001年から同社と共同で、ADSL接続サービス、ヤフーBBの提供を開始。

2004年には当時のボーダフォンを買収して、初めて携帯事業に乗り出します。その後も買収を重ねて拡大を続け、2013年には当時全米3位の携帯電話会社、スプリント社を買収し、世界でも有数の携帯電話会社グループとなるまで発展しました。

彼のことをつづった『志高く　孫正義正伝　新版』（井上篤夫著）によると、彼は学生時代、二股ソケットや自転車のランプを発明して、のちに松下電器（現・パナソニック）を築き上げた、松下幸之助氏にヒントを得て、**「1日1つ、新しい発明のアイデアを練って、**

それをノートに記録する」ということを日課にしていました。この「アイデアバンク」と名づけられたノートには、250以上のアイデアが詳細に記されているそうです。

彼のすごいところは、このときのアイデアの1つである「音声機能つき電子翻訳機」を本当に商品化したことです。彼はこのアイデアを実現すべく、まずはスピーチシンセサイザーの権威であるフォレスト・モーザー博士に開発を依頼。そして博士の尽力でこれの実用化に成功すると、当時のシャープ中央研究所の所長であった佐々木正専務に売り込みます。自身も「電卓生みの親」と言われるほど優れた技術者であった佐々木氏は、一目で孫氏の才能と商品の可能性を見抜き、その場で1億円の契約を結んだそうです。

そしてこの資金をもとに彼は初めての企業「ユニソン・ワールド」を設立し、起業家としての一歩目を踏み出すのです。

私たちも彼を見習って、1日1つ新しいアイデアを考えて、ノートに書きとめる時間を作ってみましょう。内容は何でも構いません。新規事業案、新商品案、業務改善策……。**毎日1つ考えつけば、1年で365個のアイデアがたまる計算です。**その中にはもしかしたら、孫正義氏のように時代を動かす事業の「種」が含まれているかもしれません。

BOOK

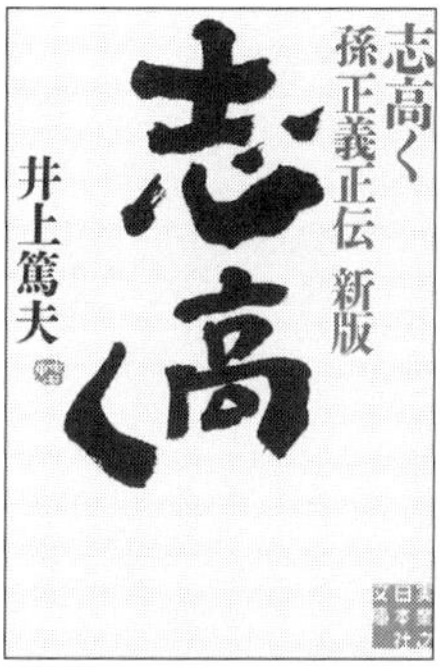

『志高く　孫正義正伝　新版』

井上篤夫著
（実業之日本社、2015年）

裸一貫から立ち上がり、今や世界を見据える事業家となった孫正義氏。波乱に満ちたその半生を、四半世紀にわたって密着取材してきた著者が熱く描く。

BOOK2

この本もおすすめ

『あんぽん　孫正義伝』

佐野眞一著
（小学館、2014年）

ノンフィクション作家・佐野眞一氏が、全４回の本人インタビューや、ルーツである朝鮮半島の現地取材によって、時代をひっかきまわし続ける異端経営者の正体に迫る。

教え22

昔、夢中になった「ゲーム」を思い出そう。

――ウォーレン・バフェット（投資家／バークシャー・ハサウェイ会長）

教え22
昔、夢中になった「ゲーム」を思い出そう。

ウォーレン・バフェット氏は、世界で最も著名な投資家の1人であり、世界最大の投資持株会社であるバークシャー・ハサウェイ社の会長兼CEOです。「フォーブス」の世界長者番付では、1994年からビル・ゲイツ氏に次ぐ、第2位というポジションが定位置になっている、超のつく資産家としても知られています。

彼は1930年にアメリカのネブラスカ州で生まれました。ネブラスカ大学を卒業後、彼の愛読書だった『賢明なる投資家』の共著者で、証券アナリストのベンジャミン・グレアム氏に学ぶため、コロンビア大学のビジネススクールに進学します。

その後、グレアム氏より誘われて資産運用会社グレアム・ニューマンで働いたのちに複数の投資事業を運営。

さらには、繊維事業を営んでいたバークシャー・ハサウェイ社の経営権を獲得し、同社を保険業・投資業を中心とした企業に変えるとともに、同社の会長およびCEOとして、副会長であるチャーリー・マンガー氏とともに現在でも同社を運営しています。

彼の公認伝記である『スノーボール　改訂新版』（アリス・シュローダー著）によると、彼は幼い頃から、**「数字遊び」**が大好きだったようです。

たとえば幼稚園の頃は、讃美歌集に載っている作曲者の生年と没年から寿命を計算して、信心深い人は寿命が長いのかを調べて遊んでいたのだとか。

また小学校のときは、通りを走る車のナンバープレートをノートに書きとめ、その文字や数字が出てくる頻度を計算して遊んだり、図書館で借りた新聞や聖書にどの字がもっとも頻繁に出てくるかを数えて遊んだり、様々な飲料のキャップを集めて分類し、どの飲み物が一番人気があるかを調べて遊んだりしていたと言います。

いずれも、バフェット氏の才能の片鱗が垣間見えるエピソードですが、**彼はこれらの「遊び」を通して、情報を集めて確率を計算する楽しさを学んだ**と言います。そしてそうした姿勢は彼が投資家になってからも変わらず、株式投資という「遊び」を最大限楽しむことで、バークシャー・ハサウェイ社は発展してきました。同社の株価は、彼が経営権を握ってから50年間で約2万倍という桁外れの成長を遂げたと言われています。

彼のように、自分の才能のかけらが、小さい頃行なっていた「遊び」や「ゲーム」にすでに現れていたというお金持ちは、じつは少なくありません。（221ページ参照）

私たちも、**幼い頃に夢中になっていた「ゲーム」などをもう一度思い出してみませんか。**案外、その中に自分の天職を見つけるヒントが転がっているかもしれません。

BOOK

『スノーボール　改訂新版（上・中・下）』

アリス・シュローダー著　伏見威蕃訳
（日本経済新聞出版社、2014年）

自伝を書かないと公言してきたウォーレン・バフェット氏がただ１人信頼した著者に執筆を許可し、５年以上の歳月をかけて人生とビジネスをあますところなく語った決定版伝記。

BOOK2

この本もおすすめ

『バフェットからの手紙　第4版』

ローレンス・A・カニンガム著　長尾慎太郎監修
（パンローリング、2016年）

バークシャー・ハサウェイ社年次報告「会長〜バフェット〜からの手紙」36年分を体系化。変わらない「企業運営」と「投資哲学」を現代の環境で再確認する。

Chapter 4

大富豪の「人間関係」の教え

教え23　上司や同僚の長所を探そう。
教え24　自己紹介では堂々と自分をアピールしよう。
教え25　商談での雑談をやめてみよう。
教え26　社内に「最大のライバル」を見つけよう。
教え27　小学生にでもわかる言葉でプレゼンしよう。
教え28　友達の中に「相談役」を見つけよう。
教え29　知らないことを教えてくれる友人を作ろう。
教え30　理不尽な要求はきっぱり断ろう。
教え31　人をだますのはやめよう。

教え23

上司や同僚の長所を探そう。

――サム・ウォルトン（ウォルマート創業者）

教え23

上司や同僚の長所を探そう。

サム・ウォルトン氏は、世界最大の小売業者、ウォルマートを創設した人物です。「フォーブス」によると、1985年から1988年まで世界一の富豪でした。

彼は1918年、アメリカのオクラホマで生まれました。ミズーリ大学経済学部卒業後、軍隊勤務などを経てアーカンソーの雑貨屋を経営しました。

その後1954年には弟バド氏とともにウォルマートの原型とも言えるディスカウントストア、「ウォルトンズ」を開業、そして1962年にはウォルマートを創業して同社の経営に乗り出し、世界最大の小売りチェーンに育てるのです。

彼の自伝、『私のウォルマート商法　すべて小さく考えよ』によると、彼は人付き合いが非常にうまく、関係者によると**「人を育て、人をやる気にさせる名人だった」**そうです。

たとえば彼は、学生時代に、道で出会う人々すべてに自分から声をかける、ということを実践していました。その結果、彼は大学の中で最も知人の多い学生になり、様々な役員やクラスの級長になれたと述べています。

こうした彼の姿勢の根本には、「誰からでも学べる」という信念があったようです。

実際、彼の口グセは、**「欠点は探すな、長所を探せ」**で、その言葉通り競合の店舗を視察しては、自社より優れているところを探して真似することを心がけていました。驚くことに、家族旅行中でもこうした姿勢は変わらず、旅行先でも競合店を見つけると必ず車を止めて、店内をのぞきに行っていたと言います。

また、土曜の会議では、各店舗で商品のディスプレーなどで優れたアイデアを実行した従業員を招いては、それを全社に共有する、ということをしていたそうです。

他にも「ええ、できますとも、サム！」と名づけられたプログラムでは、経費節約対策を思いついた従業員を同じく会議に招いて紹介してもらう、ということをしており、この企画によって年間８００万ドルのコストを削減したと述べています。

このように、**誰にでも声をかけたり、何にでも目を向けたりすることで、１つでも自分より優れている点を見つけて、それを愚直に模倣して実行する姿勢**こそが、同社を世界最大・最強の小売チェーンに育てたと言っていいでしょう。

私たちも他人の優れている点を見つけてみましょう。**まずは会社の上司や同僚などの長所を１人ひとり、考えてみませんか**。そしてその中で、自分にとり入れたほうがよさそうなものを、１つでもいいから、ぜひとり入れてみてください。

BOOK

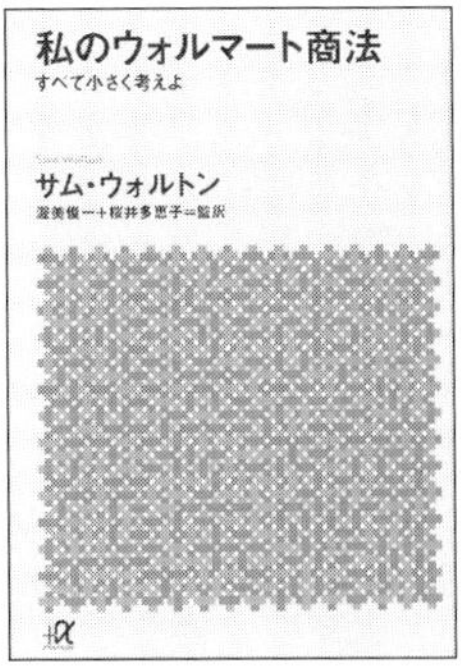

『私のウォルマート商法　すべて小さく考えよ』

サム・ウォルトン著　渥美俊一他監訳
（講談社、2002年）

ウォルマートを創業40年で売上高世界第１位に導いたサム・ウォルトン氏の起業理念、不屈のケチ精神、お客や従業員への思いなど、身近な人々とのエピソードでつづった自伝。

BOOK2

この本もおすすめ

『ウォルマートの成功哲学』

ドン・ソーダクィスト著　徳岡晃一郎他訳
（ダイヤモンド社、2012年）

天才創業者亡きあとも、売上高で十数倍という成長を遂げた秘密を、経営執行のトップが12の法則として解説。ウォルマートの力の源泉を理解する最適書。

教え24

自己紹介では堂々と自分をアピールしよう。

——ジャック・ウェルチ（ゼネラル・エレクトリック元会長）

ジャック・ウェルチ氏は、1981年から2001年にかけて、ゼネラル・エレクトリック社（GE）の最高経営責任者を務めた、「伝説の経営者」として知られています。

彼はアメリカのマサチューセッツ州に生まれ、マサチューセッツ大学を卒業後、イリノイ大学大学院で博士号を取得。そして1960年にGEに入社、1968年に最年少ゼネラル・マネージャーに就任するなど、スピード出世を遂げて、1981年に同社で最年少の会長兼最高経営責任者となりました。

また、「フラット型組織」「ワークアウト」「シックスシグマ」など、革新的アイデアを実行し、1999年の「フォーチュン」誌で「20世紀最高の経営者」に選ばれています。


ウェルチ氏の自伝、『ジャック・ウェルチ　わが経営』を読むと、彼がスピード出世を成し遂げた背景には、その非凡な才能の他に、**セルフイメージの高さや自らを堂々とアピールできる強靭なメンタリティ**があったことがうかがえます。

たとえば彼のゼネラル・マネージャー就任がかかっていた際には、懇意にしていたエグゼクティブの1人、ルーベン・ガトフ氏に自分をそのポストに上げるように執拗に迫りました。彼はガトフ氏の車の助手席に強引に乗り込み、車内で1時間にわたって自分がいかにゼネラル・マネージャーにふさわしいかを説いたそうです。のみならず、そこから7日あまり、ガトフ氏に何度も電話をかけて執拗に押しまくり、根負けしたガトフ氏はウェルチ氏の、史上最年少でのゼネラル・マネージャー就任を認めました。

また、当時のGE会長、レグ・ジョーンズ氏の後継者争いに際しては、ウェルチ氏は3人の後継者のうち自身が最も若かったことから、それを理由に候補から外されるのではないかと不安を覚えます。そこで彼は、ジョーンズ会長に向けて自分の実績や今後の展望を書いた8ページにわたる自己PR書を渡し、会長職への意欲を強烈にアピールしました。そして彼が見事、最年少で会長職の座を射止めたのです。

このように、お金持ちになった人は不必要に謙遜せず、むしろ尊大なほど堂々と自分をアピールする傾向があります。じつは、初対面の人に会って0・1秒以内で下す相手への印象は、時間をかけて下す印象とほとんど差がないと言われています。なぜなら一度ついた相手への印象を拭うのは心理的負荷が高いため、そのまま維持されることが多いからです。ゆえに、初対面ではハッタリでも「すごい人だ」と思わせれば有利に働くのです。

私たちも**自己紹介の際は、堂々と自分をアピールする**ようにしたいものです。そのためには日頃から、自分がアピールできる長所を考えておくといいでしょう。

BOOK

『ジャック・ウェルチ　わが経営（上・下）』

ジャック・ウェルチ／ジョン・A・バーン著　宮本喜一訳
（日本経済新聞出版社、2005年）

40代半ばで巨大企業の頂点に立ったジャック・ウェルチ氏が、官僚主義と闘いながら、ＧＥをスリムで強靭な企業へと変えていくさまを自ら語る。

BOOK2

この本もおすすめ

『ジェフ・イメルト　GEの変わりつづける経営』

デビッド・マギー著　関美和訳
（英治出版、2009年）

ジャック・ウェルチ氏の後任として45歳でＧＥのＣＥＯとなったジェフ・イメルト氏。未曾有の危機と逆風の中、驚異的な成長と変革を導くリーダーの実像に迫る。

教え25

商談での雑談をやめてみよう。

――レイ・クロック（マクドナルドコーポレーション創業者）

世界最大のファストフードチェーン、マクドナルドコーポレーション。その創業者こそ、レイ・クロック氏です。

彼は、1902年にアメリカのイリノイ州に生まれました。1954年、カリフォルニア州サンバーナーディーノで「マクドナルド」の店舗を開いていたマクドナルド兄弟と出会い、高度に効率化された調理システムに感動したクロック氏は、兄弟と交渉してフランチャイズ権を獲得し、1955年に最初のフランチャイズ店を出店します。

1955年にマクドナルドシステム会社を設立。1960年にマクドナルドコーポレーションに社名変更し、さらに出店を拡大していきます。翌年にはマクドナルド兄弟から商権を買収し、1984年までに世界34か国で8300店舗を開くことになります。

彼の著書、『成功はゴミ箱の中に　レイ・クロック自伝』によれば、彼はマクドナルドを開く前は、ずっとセールスマンとして様々な商品を売り歩いていたようです。

まず17歳で、リボン小物を売るセールスマンとなりました。やがてペーパーカップのセールスマンになりましたが、ある日、当時発明されたばかりの「マルチミキサー」（ミルクセーキを作る機械）を知り、これを売り歩くセールスマンに転身します。マクドナルド兄弟に出会ったのはこの商品の販売で全国を飛び回っていたときで、その時点で彼は何と52歳だったと言います。

彼のセールステクニックはかなり高かったのですが、その秘訣は、本人いわく**「回りくどい説明のないストレートなアプローチ」**にあったそうです。

彼によると、多くのセールスマンは、商品の紹介や客の説得ばかりで注文をとるタイミングを逸しており、「私は、相手が時計や外をちらちら見たり、机の上の紙をさわり始めたら、すぐに話をやめ、注文の受け付けに入る」ようにしていたと言います。

セールスにおいて、まわりくどい冗長な説明は逆効果で、要点をまとめて端的に説明するのが効果的と言われています。実際に彼は、こうしたセールス方法で実績を上げてきました。ペーパーカップを販売していたときは販売成績でトップだったと言いますし、マルチミキサーを売っていたときは年間5000〜8000台を売っていたそうです。

一般的に、**商談などではまず「雑談」から入ることも多いでしょうが、それをやめて、本題から入るといい**でしょう。顧客1人にかける時間を絞り、その分多くの人にアプローチすることで、結果的に効率的な営業ができるはずです。

BOOK

『成功はゴミ箱の中に　レイ・クロック自伝』

レイ・クロック／ロバート・アンダーソン著　野崎稚恵訳
（プレジデント社、2007年）

マクドナルドの創業者、レイ・クロック氏による自伝。ユニクロ、ソフトバンクにも影響を与えた「成長の教科書」。

BOOK2

この本もおすすめ

『勝てば官軍　成功の法則』

藤田田著
（ベストセラーズ、1996年）

日本マクドナルド、日本トイザらス創設者の藤田田氏が、日本マクドナルド創業25周年時に出版した、藤田流「成功の法則」の集大成。

教え26

社内に「最大のライバル」を見つけよう。

——フィル・ナイト（ナイキ共同創業者）

スポーツ関連商品を開発する世界的企業、ナイキ。それは、スタンフォード大学で経済学を学んでいた学生フィル・ナイト氏と、彼のオレゴン大学時代の陸上競技のコーチであったビル・バウワーマン氏によって設立されました。

ナイト氏は論文で執筆した内容を自ら検証するために、1962年、シューズメーカーを探すために日本を訪れ、オニツカタイガー（現・アシックス）にランニングシューズの開発を依頼します。

1964年にアメリカに帰国し、ナイトはバウワーマン氏とブルーリボンスポーツ社を設立、シューズの販売を始めます。その後、1971年にブランド名を「ナイキ」に変え、社名もナイキに変える1978年頃には、ナイキはスポーツ用品の品質の高いブランドとして定着していきます。特に、NBAのスーパースター、マイケル・ジョーダン氏がナイキのイメージキャラクターになり、彼の名前を冠したエア・ジョーダンを発売すると、アメリカはもちろん日本でも爆発的なヒットとなります。

『ジャスト・ドゥ・イット　ナイキ物語』（ドナルド・カッツ著）によれば、同社のイメージ・キャラクターには、**「ナイキ・ガイ」**と呼ばれる、マイケル・ジョーダン氏のように闘志をむき出しにする、鼻っ柱の強いプレーヤーばかりを選んでいるそうです。そして創業者であり現在も会長を務めているフィル・ナイト氏自身も、こうした「ナイキ・ガイ」な性格をしていると言われています。

象徴的なのは、同社の最大のライバル企業、リーボック社と当時のCEOであるポール・ファイアマン氏に対する敵意むき出しな態度で、同書によれば、「ポール・ファイアマンに対する彼の嫌悪感は非常に強く、かつ徹底している」とされています。

そしてナイキ社内では、ファイアマン氏とリーボック社は「悪魔の手先に仕立て上げられ」ており、ナイキで働いていた社員がリーボック社に転職すると、それまで仲のよかった元同僚ですら、街中で会っても無視をするようになるほどです。

このように**ライバルを憎き敵ととらえることで、社員たちの闘志やパフォーマンスを引き出すことができる**と彼は述べています。現にナイキ社はリーボック社を悪魔に見立てることで全社の士気を高め、現在でもスポーツ用品でトップシェアを保っているのに対して、リーボック社は現在ではアディダスグループの傘下企業となっています。

私たちも彼を見習い、**まずは社内の中に自分の「最大のライバル」を見つけてみましょう。**ライバルの存在はきっと、あなたの闘争本能をうまく引き出してくれるはずです。

BOOK

『ジャスト・ドゥ・イット　ナイキ物語』

ドナルド・カッツ著　梶原克教訳
（早川書房、1996年）

ナイキの創業者フィル・ナイト氏の波瀾の半生を軸に、世界中のスポーツ選手に支持されるナンバー１のスポーツ企業を築いた男たちのドラマを描く。

BOOK2

この本もおすすめ

『ナイキ　知っているようで知らない会社の物語』

アダム・サザーランド著　稲葉茂勝訳
（彩流社、2015年）

子どもに大人気のブランドとその会社の秘密やすごさをオールカラーでわかりやすく解説。この１冊でナイキ社の本当のすごさがわかる。楽しく学べる児童書。

教え27

小学生にでもわかる言葉でプレゼンしよう。

――ルパート・マードック（「メディア王」／ニューズ・コーポレーション創業者）

「メディア王」、ルパート・マードック氏。彼は様々なメディアを次々に買収しては徹底的に大衆化させていったことで知られています。

彼は、1931年にオーストラリアのビクトリア州メルボルンに生まれました。父親もまた、メルボルンの新聞などを所有するメディア経営者であり、父親の急死により、あとを継いでメディアグループのオーナーになります。

その後、オーストラリア各地の新聞を買収しつつ、1964年にはオーストラリア初の全国紙「ジ・オーストラリアン」を発行。1970年代には英米各地の新聞を次々買収し、1979年に現在の持株会社、ニューズ・コーポレーションを設立します。

1980年代になると、イギリスの名門紙「タイムズ」、アメリカの映画会社「20世紀フォックス」を買収し、番組配信会社「FOXネットワークス」を設立。2005年には当時世界最大のSNS「マイスペース」を買収し、マスメディアからインターネットに至るまで、巨大なメディア帝国を築き上げました。2016年の「フォーブス」の世界長者番付では、96位にランクインしています。

彼のことを描いた『マードック　世界のメディアを支配する男』（ウィリアム・ショー

クロス著）を読むと、彼の成功の秘訣の1つは、**「説明せよ、単純化せよ、明快にせよ」**という鉄則（「新聞王」、アルフレッド・ハームズワース氏の言葉）を愚直に実行していたことだと考えることができます。

大衆に向けて小難しいことを訴えかけても仕方ない、ぱっと目をひくセンセーショナルな記事を発信したほうが大衆は食いつく、と言わんばかりに、彼は買収したメディア、特に新聞を徹底的に「大衆化」していきました。

オーストラリア、シドニーの「ミラー」紙を買収したときは、女性のセクシーな写真を載せ、過激で扇情的な見出しを書くことに徹して話題を独占。イギリスの「サン」紙を買収した際も、不倫報道や離婚報道などスキャンダラスな記事を増やし、批評家から猛反発を受けながらも発行部数を85万部から170万部にまで伸ばしたと言われています。

私たちもマードック氏を見習って、**プレゼンなどを行なう際には、なるべく難しい言葉は使わず、小学生でもわかる言葉で説明してみましょう。**小難しい言葉や耳慣れないビジネス用語を多用する人より、平易な言葉を使う人のほうがより才能ある人という評価が下されやすいと言われていますし、圧倒的に話の内容が伝わりやすいのです。

BOOK

『マードック　世界のメディアを支配する男』

ウィリアム・ショークロス著　仙名紀訳
（文藝春秋、1998年）

「スカイパーフェクＴＶ！」で念願の日本進出を果たした「メディアの帝王」が明かす、日本・アジア市場への殴り込み作戦。マードック氏の世界制覇の軌跡を描いた伝記。

BOOK2

この本もおすすめ

『メディアの怪人　徳間康快』

佐高信著
（講談社、2016年）

山口組・田岡組長を陰で支え、天才・宮崎駿氏を育て上げた夢の大プロデューサー、徳間書店初代社長・徳間康快氏。“濁々”併せ呑んだ傑物の生きざまを追う。

教え28

友達の中に「相談役」を見つけよう。

——マイケル・フランゼーゼ（元マフィア／元コロンボファミリー幹部）

マイケル・フランゼーゼ氏は、かつて「暗黒街の顔役」「アル・カポネの再来」と呼ばれたイタリア系アメリカンマフィアです。

ニューヨーク5大ファミリーの1つ「コロンボファミリー」のナンバー2、ソニー・フランゼーゼ氏の子として生まれ、ファミリーに入ります。

当時、雑誌「フォーチュン」の特集「マフィア幹部トップ50」で上位ランクイン、「最年少マフィア幹部」として紹介され、注目を集めました。

1980年代半ばに複数の恐喝の罪に問われて懲役10年の判決を受けてから、ファミリーと縁を切りました。現在はマフィア時代の体験を人々の役に立てることを使命とし、講演活動などを行なっているようです。

彼の著書、『最強マフィアの仕事術』には、彼のマフィア時代の仕事ぶりを垣間見ることができます。たとえば、「目標を定め、計画を立てろ」「早起きしてハードに働け」「どんな顧客に対しても真摯な態度で対応しろ」「先に相手にしゃべらせて情報を集めろ」など、一般のビジネスマンにも通じる重要な教訓が書かれています。

その中でも興味深いのは、**「身近に『コンシリエーレ』を置け」**という教えです。「コンシリエーレ」とは、イタリア語で「顧問」や「相談役」を意味し、マフィア組織の中には、必ずこのようなポジションがあるそうです。

「コンシリエーレ」は、特定の個人の利益に左右されることなく、純粋にビジネスのことだけを考えて公正な意見を述べることができる人物でなければならないため、親友や家族、信頼できる社員、ボディガードなどから選ぶことが一般的です。

人間は客観的な見方が非常にしづらい生き物だと言われています。たとえば今の政治に不満がある人は、現政権に批判的な記事ばかりを無意識に読もうとしますし、現政権の支持者は好意的な論調ばかり目につくようになります(「確証バイアス」)。

そんな中で、客観的な視点から意見を述べてくれる人の存在はとても貴重です。ちなみに彼自身の「コンシリエーレ」は父、ソニー・フランゼーゼ氏だったそうです。そして父のアドバイスによく従っていた彼は、1970~80年代の絶頂期には週に600万~800万ドルを稼いでいたと言います。

私たちも彼を見習って、**友達の中に「相談役」を作ってみましょう。**たとえば少し年上の友達など、何でも相談に乗ってくれる人はいませんか。自分で結論を出す前に、その人の意見を聞いてみて、フラットな視点で意思決定をするようにしましょう。

BOOK

『最強マフィアの仕事術』

マイケル・フランゼーゼ著　花塚恵訳
（ディスカヴァー・トゥエンティワン、2011年）

“アル・カポネの再来”と言われたトップマフィアが教える常識外れの成功ルール。週に数億の稼ぎを上げたマフィア幹部が最後にたどりついた“ビジネスの極意”全10章。

BOOK2

この本もおすすめ

『最強スパイの仕事術』

ピーター・アーネスト／マリアン・カリンチ著　福井久美子訳
（ディスカヴァー・トゥエンティワン、2012年）

諜報機関の代名詞として名高い「CIA」で、25年間スパイとして生きた男があなたに教える、ライバルを出し抜く禁断のテクニックの数々。

教え29

知らないことを教えてくれる友人を作ろう。

——糸山英太郎（元政治家／投資家／新日本観光会長）

糸山英太郎氏は、1942年、ゴルフ場経営などで財を築いた新日本観光興業（現・新日本観光）の創業者・佐々木真太郎氏の子として生まれました。

不良少年として中学・高校時代を過ごしたあと、更生した彼は、1962年に日本大学を中退して日比谷商事に就職、中古外車の腕利きセールスマンとなります。1年間で77台の車を売ったのは、当時の業界新記録だったそうです。

その後、父の会社である新日本観光に入社、半年間のキャディ研修生活を経て、ゴルフ場の運営で実績を上げます。以降も出世を重ね、1969年には同社の代表取締役社長に就任します。

また株式投資では、1972年から中山製鋼所の株をめぐって近藤紡績所社長の近藤信男氏と争って勝利を収めて話題を集めました。さらには、乾汽船、三井鉱山、大同酸素、神戸電鉄などでも他の競争相手を打ち負かし、その名を証券史上に残しました。

その後、参議院議員・衆議院議員を務めた他、現在も新日本観光株式会社の会長職などに就いており、2002年には「フォーブス」の世界長者番付で118位にランクされました。

彼の書いた『金儲け哲学』によると、彼は日頃、「貧乏人とは付き合わない」と公言してはばからないそうです。これだけ聞くと、非常に傲慢な言葉に聞こえますが、彼の言う貧乏人とは**「人に与える情報も、人を楽しませる才能も、人にトクをさせる価値を何も持っていない人間」**を指していて、そういう人と付き合うだけで時間と金のムダだ、と述べています。逆に、自分の知らない情報を持っている人や楽しませてくれる人には惜しみなく金を使うとも言います。

実際、若者からプレイステーションが今面白いと聞けばすぐ購入して遊んでみたり、ユニクロがかっこいいと評判ならすぐに買って着てみたり、といったことを常に実践しているのです。本人によれば、「世の中の動きすべてが、私の投資活動にひっかかってくる」そうです。

こうした日頃の情報収集のおかげで、彼の株式投資は、自身によれば「百戦百勝」で、少ない日でも4〜5億円、多い日になると40億円もの利益を出していると言います。

私たちも彼を見習い、**自分の知らない情報や知見を教えてくれる友達を作りましょう。**たとえば、世代が大きく異なる人や、まったく違う業界で働いている人などがいいでしょう。彼らは、あなたの知識と世界観をより大きく広げてくれるはずです。

BOOK

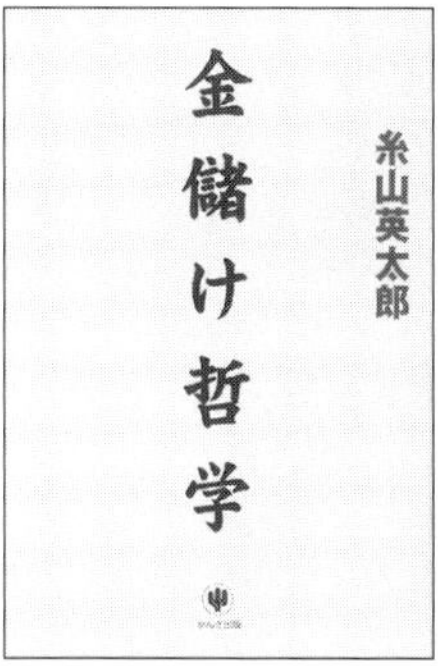

『金儲け哲学』

糸山英太郎著
(かんき出版、2002年)

笹川良一氏や田中角栄氏をはじめとする政財界に人脈を持ち、株式投資で財を成した、糸山英太郎氏による独自の投資哲学を公開。

BOOK2

この本もおすすめ

『天才』

石原慎太郎著
(幻冬舎、2016年)

反田中の急先鋒だった石原氏が、今なぜ田中角栄氏に惹かれるのか。政界入りのきっかけ、角福戦争の内幕、ロッキード事件の真相など、希代の政治家の実像に迫る。

教え30

理不尽な要求はきっぱり断ろう。

――小倉昌男（ヤマト運輸元会長）

小倉昌男氏は、ヤマト運輸（現・ヤマトホールディングス）の元会長であり、同社の「クロネコヤマトの宅急便」の生みの親として、また「官僚と闘う男」の異名で知られます。ヤマト運輸自体は父親である小倉康臣氏が創業し、昌男氏は東京大学経済学部（旧制）卒業後の１９４８年に入社します。

１９７１年に、康臣氏のあとを継いで代表取締役社長に就任し、オイルショック後に低迷していた同社の業績回復のため、１９７６年に民間初の個人向け小口貨物配送サービス、「宅急便」を開始します。

彼の著書、『経営はロマンだ！』には、理不尽な要求に対しては相手が誰であろうと断固として闘う彼の様子が描かれています。象徴的なエピソードを見ていきましょう。

たとえば、創業以来の大口顧客だった三越の社長に岡田茂氏が就任したときの話です。岡田氏は社内で絶対的なワンマン体制を築き、取引先にも威圧的な態度を隠しませんでした。そしてヤマト運輸に対しても、配達料金の値下げをはじめ、三越内に車両を停める際の駐車料金、配送担当が社内に駐在していることに対する事務所使用料など、言いがかりのような要求を次々と突き付けてくるようになりました。

そのおかげで年間1億円の赤字が出るようになり、堪忍袋の緒が切れた小倉氏は、同社創業以来の関係を断ち、三越に配送契約の解除を通告します。この事件は衝撃を呼び、「ライオン（三越のトレードマーク）がネコに噛まれた」事件と言われました。

また宅配便の規制緩和をめぐっては、同社が出した路線トラックの免許の申請に対して、旧運輸省（現・国土交通省）が数年にわたって放置するということがありました。これに業を煮やした彼は、当時の橋本龍太郎運輸大臣を相手取って、前代未聞の監督官庁に対する行政訴訟を起こすのです。これには運輸省側も驚き、すぐに公聴会が開かれて無事、認可が下りる運びとなりました。

このように、他の競合会社の猛追や官僚たちからの圧力にも屈することなく、ヤマト運輸と「宅急便」は拡大を続け、1984年には宅急便の取扱個数が1億5000万個と郵政省の郵便小包を初めて抜くと同時に、1988年には売上高が3000億円を突破し、業界のトップ企業にまで上り詰めたのです。

私たちも彼を見習って、**あまりに非常識な要求やコンプライアンスに違反するような誘いに対しては、きっぱりNOを言う**ようにしましょう。

BOOK

『経営はロマンだ!』

小倉昌男著

(日本経済新聞出版社、2003年)

「クロネコヤマトの宅急便」を生み出して日本人の生活スタイルを変え、ヤマト運輸をトップ企業に育て上げた小倉昌男氏。硬骨の経営者が、その生きざまと哲学を語る。

BOOK2

この本もおすすめ

『小倉昌男　祈りと経営』

森健著

(小学館、2016年)

名経営者は、現役引退後、なぜ私財46億円を投じて「ヤマト福祉財団」を創設したのか。丹念な取材でこれまで描かれなかった小倉氏の人物像に迫る意欲作。

教え31

人をだますのはやめよう。

――ラリー・ペイジ&セルゲイ・ブリン（グーグル共同創業者）

世界で最も使用されている検索エンジンであり、今や「検索する」という言葉の代名詞にもなっているグーグル。

それを提供するグーグル社は1998年に、当時スタンフォード大学の博士課程の学生であったラリー・ペイジ氏とセルゲイ・ブリン氏によって設立されました。その後、Gメールやグーグル・マップ、グーグル・アースなど、革新的なウェブサービスを次々とリリースし、世界をあっと驚かせてきました。

2016年の「フォーブス」の世界長者番付では、ペイジ氏が12位、ブリン氏が13位にそれぞれつけています。

『Google Boys』（ジョージ・ビーム著）を読むと、彼らの根本に流れる理念は、**「世界をもっとよくすること」**にあるのがうかがえます。そして同社は、世界中の情報を整理し、手に入れやすくすることで、これを実現しようとしているのです。

たとえば、同社の基本理念、「グーグルが掲げる10の事実」の1つに、有名なこの言葉があります。**「悪事を働かなくてもお金は稼げる」**。

これを同社の広告モデルを例にして見てみましょう。

他の検索サービスと同様、グーグルは検索結果のページに有料広告を掲載することで収益を得ています。そして、他の検索サービスの場合、広告主に払ってもらった広告費に応じて、その広告を検索結果の上位に掲示することがありました。これはユーザーをだましていることになり、グーグルの考え方では「悪事」なのです。

対して同社の場合、「検索内容と関連のない広告は掲載しない」「ポップアップ広告は表示しない」「広告リンクであることを明記する」などの厳しい基準を設けることで、ユーザーをだまさない＝悪事を働かないことと、利益を確保することを両立させているのです。

こうした、同社の「世界をもっとよくしたい」という理念と「ユーザーをだましたりしない」というブランドイメージによってサイトの訪問者は増え、結果として広告媒体としての価値は高まりました。同社の売上は２０１４年には過去最高の１８１億ドルに達し、そのうち広告収入が９割を占める構造になっています。

私たちも、**それがお金を稼ぐためだとしても、人の道に外れたことをするのはやめましょう。**人をだまして短期的に利益を上げたとしてもそれが長期的な成功につながることは決してありません。そして一度失った信頼は決して取り戻すことはできないのです。

BOOK

『Google Boys』

ジョージ・ビーム著　林信行監訳・解説
（三笠書房、2014年）

グーグルの２人の創業者、ラリー・ペイジ氏とセルゲイ・ブリン氏、選りすぐりの名言集。グーグルの歴史や背景、彼らが何を目指しているかが見える詳細な解説つき。

BOOK2

この本もおすすめ

『How Google Works』

エリック・シュミット／ジョナサン・ローゼンバーグ他著　土方奈美訳
（日本経済新聞出版社、2014年）

グーグルは、この方法で成功した。同社会長のエリック・シュミット氏が、働き方とマネジメントの真髄を初公開。

Chapter 5

大富豪の「メンタル」の教え

教え32　自分の「直感」を信じよう。

教え33　判断に迷ったら「選択基準」を考えよう。

教え34　人生の「残り時間」を意識しよう。

教え35　初心者だったころの自分を忘れずにいよう。

教え36　落ちこんだら「プチ引きこもり」してみよう。

教え37　失敗したらどうなるのかを冷静にシミュレートしよう。

教え32

自分の「直感」を信じよう。

――ジョージ・ソロス（投資家／クォンタム・ファンド共同創業者）

ジョージ・ソロス氏は、ウォーレン・バフェット氏と並び、世界で最も著名な投資家の1人と言っていいでしょう。「フォーブス」の世界長者番付によれば、彼は2016年時点で、世界で23番目の資産家だそうです。

彼は1930年にハンガリーのブタペストに生まれました。1953年にロンドン・スクール・オブ・エコノミクスを卒業し、ロンドンで働いたのち、アメリカのウォール街に赴きます。そして証券会社などに勤務する中でじょじょにその名が知られ始め、1969年、ジム・ロジャーズ氏（投資家、現在ロジャーズ・ホールディングスの会長）とともに、のちのクォンタム・ファンドを設立します。

1998年には、同社が運用資産額で世界最大のヘッジファンドになります。

『ソロス』（マイケル・T・カウフマン著）によれば、彼が投資判断を行なう最終的な鍵は、**「直感を信じること」**にあるようです。

彼自身、次のように述べています。「私がやっていたのは、直感による部分も多くてね。数字を見ると、何かが閃くんだ」

また彼の長男、ロバート氏も「父がたとえば売り買いのポジションを変えるのは、腰の激痛が始まったからなのだ。別に理由なんかない。ともかく、不意に症状が始まる。これが警戒警報なのだ」と述べています。

最近は直感についての研究が進んでいますが、**直感とは特に超科学的なものではなく、経験則に基づいて素早く意識にのぼる知的な判断、と考えることができます。**実験によると、熟練者の場合、一番初めに（直感的に）思いついた選択肢ほど優れた判断になっている傾向にあり、時間をかけて考えさせるほど正答率が低くなるそうです。

１９９２年のポンド危機のときのソロス氏のエピソードを例にとりましょう。当時、イギリスのポンド相場が実態より高止まりしていると考えた彼はポンドを売り浴びせることを決意します。その際、彼の部下は20～30億ドル程度の売りを進言したところ、「君がそう直感しているならなぜその程度で抑えるんだ？」と言い放ち、１００億ドル相当の空売りを行ない、たった１日で約10億ドルもの利益を得たと言われています。

私たちも、もっと直感を頼ってみませんか。たとえば、**ふっといいアイデアが思いついたときや、理屈ではなく何か嫌な予感が働くときは、その直感に従って行動してみましょう。**きっと、あなたをよい結果へと導いてくれるはずです。

BOOK

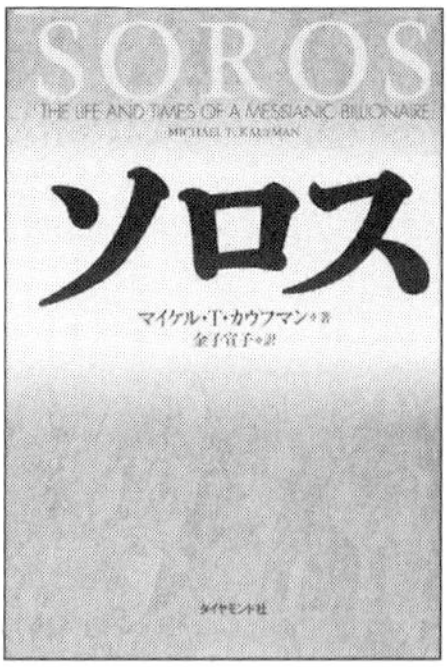

『ソロス』

マイケル・T・カウフマン著　金子宣子訳
（ダイヤモンド社、2004年）

金融市場で得た巨万の富を惜しげもなく慈善活動に投ずる、「現代の怪物」ジョージ・ソロス氏の幼年時代からの人生の軌跡と時代背景を緻密に描く。

BOOK2

この本もおすすめ

『新版　ソロスの錬金術』

ジョージ・ソロス著　青柳孝直訳
（総合法令出版、2009年）

独自の相場理論、「再帰性の理論」をもとに世界の相場で大活躍をし、個人資産1兆3000億円も稼ぎ出したジョージ・ソロス氏の思想、哲学、相場理論を収めた、伝説の名著の新版。

教え33

判断に迷ったら「選択基準」を考えよう。

——ジェフ・ベゾス（アマゾン・ドット・コム創業者）

世界最大のECサイトの1つである、アマゾン。このアマゾンを一代で築き上げた人物こそ、現在もアマゾン・ドット・コムの会長兼CEOである、ジェフ・ベゾス氏です。「フォーブス」の長者番付では、2016年時点で世界で5番目の資産家とされています。彼は1964年にニューメキシコ州に生まれました。プリンストン大学卒業後、ウォールストリートのIT系企業で副社長などを歴任したのち、インターネットの急成長、特にECの将来に可能性を感じた彼は、1994年にインターネット書店のカダブラ・ドット・コム（のちのアマゾン・ドット・コム）を開業するのです。

彼のことを描いた『ワンクリック　ジェフ・ベゾス率いるAMAZONの隆盛』（リチャード・ブラント著）によれば、彼の面白いところは、他の多くの起業家のように「書店」という事業に情熱を感じてアマゾンを立ち上げたわけではなく、**冷静かつ合理的な分析によって「インターネット書店」を立ち上げることを決めた**、という点です。

具体的には、彼は次のような、ウォールストリートで使われる**「ディール・フロー」**という手法を使って決めたと言われています。

まず彼は、インターネットで売るべき商材として、20くらいの商品をリストアップしました。次に、選定する基準として、「よく知られた製品であること」「市場が大きいこと」「競争が激しいこと」「仕入れが容易であること」など8つ程度の条件を決めました。

そして、この基準に基づき、どの商材が最も適合しているかを分析した結果、「書籍」が最適であるという結論に達し、これを販売することを決意したそうです（ちなみに、彼は恋人を選ぶ際もこの「ディール・フロー」に基づいて選んでいたと伝えられています）。

こうして開業したアマゾンは、ベゾス氏の読み通り好評を博し、1年もたたないうちに1時間に100冊以上が売れていく人気サイトになります。そして、カスタマーレビューやアフィリエイトプログラムなどのサービスを拡充すると、さらに利用者は爆発的に増え、アマゾン社は事業を始めて2年で株式公開を果たすのです。

この方法は、日常の中でも十分、応用可能です。たとえば、**同僚との飲み会に使うお店選びに悩んでいるとしたら、お店を選ぶ際の「条件」から考えてみましょう**。味を重視するか、雰囲気がいいお店にするか、コストパフォーマンスを考えるか。このように選択基準を明確にしておくと、妥当性のある意思決定がしやすくなります。

BOOK

『ワンクリック　ジェフ・ベゾス率いるAMAZONの隆盛』

リチャード・ブラント著　井口耕二訳　滑川海彦解説
（日経BP社、2012年）

アマゾンＣＥＯのジェフ・ベゾス氏の生い立ちから、数々の危機を乗り越え成功してきたアマゾンの戦略と実像まで、元「ビジネスウィーク」誌記者が解き明かす。

BOOK2

この本もおすすめ

『ジェフ・ベゾス　果てなき野望』

ブラッド・ストーン著　井口耕二訳　滑川海彦解説
（日経BP社、2014年）

インターネットに大きく賭け、買い物や読書の習慣を大きく変えてしまったジェフ・ベゾス氏の生い立ちから現在までを、ベテランジャーナリストが追った物語。

教え
34

人生の「残り時間」を意識しよう。

――スティーブ・ジョブズ（アップル共同創業者）

2011年10月5日。アップルの創業者であり、マッキントッシュ、iMac、iPod、iPad、iPhoneなど様々な革命的製品をこの世に生み出して、文字通り世界を変えていったスティーブ・ジョブズ氏の死に、世界中が悲しみに包まれました。

彼の人生はまるでドラマのように波乱に満ちています。ジョブズ氏は、1955年にアメリカのサンフランシスコ州で生まれました。高校時代の友人、スティーブ・ウォズニアック氏とともにコンピュータ（のちの「アップルI」）を開発し、アップルコンピュータ（のちのアップル）を設立します。やがて同社は株式公開を果たし、莫大な資産を手にしますが、彼は経営陣と不和になり、突如アップル社を解任されます。

その後、業績不振に陥っていた同社はジョブズ氏を呼び戻し、再び経営の実権を握った彼は革命的な製品を立て続けに生み出して同社を甦らせるのです。

彼が2005年にスタンフォード大学の卒業式で行なった伝説的なスピーチはあまりにも有名ですが、彼の人生観を理解する上で重要なので少し引用したいと思います。

「**人生を左右する分かれ道を選ぶとき、一番頼りになるのは、いつか死ぬ身だと知っていることだと私は思います。**ほとんどのことが、（中略）死に直面するとどこかに行ってしまい、本当に大事なものだけが残るからです。自分はいつか死ぬという意識があれば、なにかを失うと心配する落とし穴にはまらずにすむのです。人とは脆弱なものです。自分の心に従わない理由などありません」（『スティーブ・ジョブズ』（ウォルター・アイザックソン著）より）

彼はアップルに復帰してすぐ、本当に重要な製品だけを徹底的に絞り込み、70％の製品をカットしました。彼はホワイトボードに4セルのマトリクスを描き、横軸に「消費者」「プロ」、縦軸に「デスクトップ」「ポータブル」と書き込んでこの4セルに当てはまる、計4種類のすごい製品を作れと指示したと言われています。これがのちのパワーマックG3、パワーブックG3、iMac、iBookなどの製品となり、1998年には同社は2年ぶりの黒字に転じて、彼は会社の最大の危機を救ったのです。

こうした彼の高い判断力の裏には、常にどこかで死を意識し、その視点から「本当に大切なものは何か」を判断するという思考法があったと考えられます。

私たちも彼のように、**いつもどこかで「死」を意識することが大切**です。人生の残り時間を考えたときに、優先すべきものは何か。残りの人生で成し遂げたいことは何なのか。このような視点で考えると、自分にとって本当に大切なものがクリアになるはずです。

BOOK

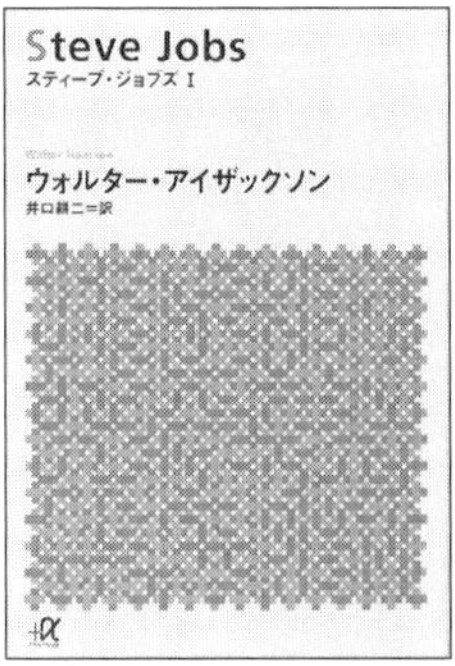

『スティーブ・ジョブズ（I・II）』

ウォルター・アイザックソン著　井口耕二訳
（講談社、2015年）

取材嫌いで有名なスティーブ・ジョブズ氏が唯一全面協力した、本人公認の決定版。今世紀を代表する経営者のすべてを描き切った、最初で最後の評伝の文庫版。

BOOK2

この本もおすすめ

『ジョナサン・アイブ』

リーアンダー・ケイニー著　関美和訳
（日経BP社、2015年）

ジョブズ氏が絶対的な信頼を寄せたカリスマデザイナー、ジョナサン・アイブ氏の生い立ち、数々の革新的な製品作りでの試行錯誤、社内での争いまでを明かす。

教え35

初心者だったころの自分を忘れずにいよう。

——ジャック・マー（アリババグループ創業者）

ジャック・マー氏は、中国のアリババ社の創業者であり、2016年現在も会長を務める人物です。アリババ社はアップル、マイクロソフト、グーグルなどと肩を並べる世界有数のIT企業であり、彼自身もまた、2016年現在で中国で有数の、そして世界で33番目の資産家となっています。

彼は、1964年に中国の浙江省で生まれました。1988年、杭州師範学院（現杭州師範大学）を卒業し、大学講師として英語などを教えていたそうです。

1995年、アメリカで出会ったインターネットにヒントを得て、中国初のビジネス情報発信サイト「中国黄頁」を開設します。そして1999年にはアリババグループを創業、企業間取引サイト、「アリババ・コム」を立ち上げて、急成長を遂げます。

彼のことを描いた『ジャック・マー　アリババの経営哲学』（張燕著）によれば、今や世界有数のIT企業のトップである彼は、**じつは極度の「IT音痴」**なのだそうです。インターネットに関することで彼が自分でできることは、サイトを見ることとメールを送ることくらいだと言いますから、相当なものでしょう。

こんなエピソードが残されています。ある記者が彼にインタビューをしている際に、マー氏がパソコンをいじりながら急に秘書を呼んだそうです。記者はてっきり技術的なトラブルが発生したのかと思って見ていたのですが、じつはマー氏が自分で作成したワードファイルが見つけられず、それに困って秘書を呼んだとのことで、そんな簡単なこともできないのかと唖然としたと言います。

しかしながら、彼はこの「ネット初心者」のレベルをあえてキープしているそうです。つまり、初心者の自分でも使えるかどうかを必ず試してからリリースすることで、誰にでも使いやすい機能やサービスを提供しているというわけです。

アリババグループは２０１６年３月には傘下のサイトで売買された流通総額で、ウォルマートやカルフールを抜き、世界最大の流通企業となりましたが、その背景にはそうした「誰にでも使いやすい」仕組み作りが評価された結果と言えるでしょう。

私たちも**いつまでも「初心者の目線」を持ち続けることが大切**です。入社したてだったときに疑問に思ったことは何だったか。今やっている業務に初めてふれたときに一番困ったことは何だったか。こうした視点は、カスタマーサイドに立ったもの作りにつながりますし、後進の社員を育てる際にも参考になることでしょう。

BOOK

『ジャック・マー　アリババの経営哲学』

張燕著　永井麻生子訳

（ディスカヴァー・トゥエンティワン、2014年）

アップル、マイクロソフト、グーグルに次ぐ、世界第４位のＩＴ企業となったアリババ。その創業者、ジャック・マー氏の成功の裏にある確固たる信念と倫理を明らかにする１冊。

BOOK2

この本もおすすめ

『Ａｌｉｂａｂａ　アリババの野望』

王利芬／李翔著　鄭重他訳

（KADOKAWA、2015年）

通販、検索、電子マネーと業態を広げる注目のインターネット企業の会長ジャック・マー氏は今何を考えているのか……。創業前夜から現在までを追う、初の公認本。

教え36

落ちこんだら「プチ引きこもり」してみよう。

――安田隆夫（ドン・キホーテ創業者）

安田隆夫氏はディスカウントストアチェーン、ドン・キホーテの創業者であり、元代表取締役会長兼CEOです。「フォーブス」の2016年の日本の長者番付では、26位にランキングされています。

彼は1949年に岐阜県に生まれました。そして慶應大学を卒業後、不動産会社に勤務したのち、1978年、東京都杉並区に雑貨店「泥棒市場」をオープンし、当時は珍しかった夜間営業が受けて成功を収めます。

その後、1980年に株式会社ジャスト（現・株式会社ドン・キホーテ）を設立、1989年に第1号店となる、ドン・キホーテ府中店を開店しています。

安田氏の著書、『安売り王一代　私の「ドン・キホーテ」人生』には、彼が開発した（？）という、落ち込んだときの「ネガティブ脱出法」が書かれています。

彼は落ち込むと、1人で家に引きこもり、カーテンを閉めきって外界の情報はすべてシャットアウトするのだそうです。そして**「できれば布団をひっかぶって、陰々滅々とした環境の中、仕事のこと、人生のこと、将来のことを徹底的に考え抜く」**のだとか。

そうして落ち込むだけ落ち込むと、突然、鬱々とした気分が劇的に晴れるときが来て、その瞬間、抑えきれないパワーとエネルギーが内からみなぎり、ネガティブから脱出できるのだと断言しています。

たしかに、ドン・キホーテ社の歴史をひもとくと、何度ピンチになっても不死鳥のように甦る……、ということのくり返しであることに気づかされます。

たとえば1999年には店舗の地元住民による深夜営業の反対運動が起き、苦境に立たされます。これに対して、同社は利益の5％を環境対応コストとして組み込み、環境対策を大幅に強化することで反対運動を収めます。

2004年にはドン・キホーテ各店舗を狙った連続放火事件が起き、またも苦境に立たされます。このときも同社はすぐに防災対策本部を設置し、徹底した防災型の店舗・売場・組織作りを進め、売上を落ち込ませることなく乗り切ります。

このように何度ピンチになっても果敢にそれに立ち向かい、危機を脱していく同社の強さの裏には、安田氏のこんな一風変わった「ネガティブ脱出法」があるのかもしれません。

私たちも彼のように、**落ち込んだら、外部の情報を遮断して「プチ引きこもり」にトライしてみませんか**。もしそうした時間がとれないようなら、一定期間、携帯電話の電源をオフにして1人静かな時間を持つだけでも効果があるでしょう。

BOOK

『安売り王一代　私の「ドン・キホーテ」人生』

安田隆夫著
（文藝春秋、2015年）

26期連続増収増益という偉業を成し遂げたドン・キホーテ。だが、創業者、安田隆夫氏の人生はまさに失敗と苦難の連続だった。ドラマチックな一代記。

BOOK2

この本もおすすめ

『景気を仕掛けた男「丸井」創業者・青井忠治』

出町譲著
（幻冬舎、2015年）

若者文化を牽引し続ける丸井を起こし、日本を代表する企業へと育て上げた希代の経営者・青井忠治氏の物語。明治・大正・昭和と激動の時代を、彼はいかに戦い生き抜いたのか。

教え37

失敗したらどうなるのかを冷静にシミュレートしよう。

――三木谷浩史（楽天創業者）

三木谷浩史氏は、「楽天市場」などのインターネットサービスを提供する企業、楽天の創業者であり、2016年現在も代表取締役会長兼社長を務める人物です。

彼は、1965年に兵庫県神戸市に生まれました。1988年に一橋大学商学部を卒業し、当時の日本興業銀行（現・みずほ銀行）に入行します。1993年にハーバード大学経営大学院を修了してMBAを取得し、帰国したのち、1995年に興銀を退社し、楽天を創業。

2016年の「フォーブス」の日本人長者番付5位にランクインするなど、日本人ランキング上位の常連となっています。

このように、誰もがうらやむようなエリートコースを歩んできた三木谷氏が、突如として興銀を辞めてベンチャー企業を起こすという決断をした裏には、いったいどんな決意があったのでしょうか。

彼のことをつづった『〝教祖〟降臨　楽天・三木谷浩史の真実』（児玉博著）によれば、1つには彼の故郷を襲い、死者6000人超を出した阪神・淡路大震災がきっかけになったそうです。敬愛する叔母夫婦をこの震災で亡くした彼は初めて死を身近に意識し、生きることは一度しかできないことを強烈に意識しました。

そしてもう1つ、彼を支えていたモチベーションは、**「ダメだったら、まだ若いのだから何度でもやり直せる」**という楽観主義だったと言います。

成功者たちは前向きな思考を持つ人が多いと思われがちですが、彼らは決して根拠のないポジティブ思考をしているわけではなく、「ダメだったらどうなるか」をシミュレートし、「最悪でもこれだけの損失で済む」という冷静な計算のもと、勇断を下しているのです。

実際に彼も起業の際は、当時「インターネットで人は物を買わない」というのが定説だったためかなり悩んだそうですが、「失敗した場合はまたやり直せばいい」と覚悟を決め、真っ向勝負を挑んでインターネットショッピングモール、「楽天」を立ち上げます。

そして同サイトは怒濤の勢いで成長を遂げ、創業時にはたった13店しかいなかった出店者が、わずか5年で6000店舗を突破する巨大サイトに変貌するのです。

私たちも、**判断に迷うときは、失敗したならどうなるのか、具体的にシミュレートしてみましょう。**それによって失うものは、金額ならいくらなのか、時間なら何年なのか、それは取り戻せないほど大きいのか。ただ不安がるのではなく、その正体を具体化してみると、案外それほどの損失はないことがわかって一歩を踏み出しやすくなります。

BOOK

『"教祖"降臨　楽天・三木谷浩史の真実』

児玉博著
（日経BP社、2005年）

日本興業銀行（現・みずほ銀行）を去り、楽天を起業した三木谷浩史氏とはどんな人物なのか。誰も書かなかった"教祖"の実像を明らかにするノンフィクション。

BOOK2

この本もおすすめ

『楽天流』

三木谷浩史著
（講談社、2014年）

グループサービス年間流通総額約5兆2500億円に達した今も、「世界一のインターネット・サービス企業」を目指し続ける。ついに書かれた「楽天」と「三木谷浩史氏」の秘密。

Chapter 6

大富豪の「日常生活」の教え

教え38　酒の飲みすぎ、煙草の吸いすぎに気をつけよう。

教え39　自分の「勝負服」を持とう。

教え40　「ほしいものリスト」をまわりにシェアしよう。

教え41　悩んだときこそ、さっさと寝よう。

教え42　会社の備品は大切に使おう。

教え43　「断食」で自分をリセットしてみよう。

教え38

酒の飲みすぎ、煙草の吸いすぎに気をつけよう。

——ジョン・ロックフェラー（「石油王」／スタンダード・オイル創業者）

ジョン・ロックフェラー氏は、スタンダード・オイルを創業し、「石油王」と呼ばれた人物です。亡くなった際の遺産は14億ドルにものぼり、世界史上最大の資産を持っていた富豪とも言われています。また、彼がまだ資産家になる前から、毎月必ず収入の十分の一を教会などに寄付していたことでも知られています。

彼は1839年にアメリカのニューヨーク州に生まれました。16歳のとき、簿記助手として働き始めますが、1859年、モーリス・B・クラーク氏とともに農作物などを販売する会社を設立します。

さらに1865年に化学者のアンドリュース氏とロックフェラー・アンド・アンドリュース社を設立し、同社はやがて世界最大の製油所を所有することになります。

1870年には、スタンダード・オイル・オブ・オハイオを創設、競合企業を次々と吸収合併し、巨大企業を形成します。ピーク時はアメリカの石油の90%を独占したと言われています。

彼の孫であるデイヴィッド・ロックフェラー氏が著した、『ロックフェラー回顧録』によると、**ジョン・ロックフェラー氏は品行方正を絵に描いたような人物だった**と言います。

同書によれば、敬虔なキリスト教徒であり、バプテスト信仰の厳格な教義にのっとって生きていた彼は、飲酒、喫煙、ダンスなどの道楽を自ら禁じ、しかもそれを「いとも容易に楽しげなようすさえ見せながら遵守していた」そうです。

さらにデイヴィッド氏は「祖父ほど不機嫌と無縁な人間には会ったことがない」と述べており、ジョン氏はいつも笑顔で冗談をとばし、面白い話や讃美歌を聞かせてくれていたと言います。また、食事はなるべく消化がいい食べ方を心がけて、ゆっくりゆっくり、一口ずつよく噛んで食べていたと述べています。

彼の若い頃の目標は、**「10万ドルを貯めることと100歳まで生きること」**だったそうです。そして実際に彼はこうした慎ましく健全な生活態度によって、富だけでなく健康にも恵まれ、97歳という天寿を全うしています。

ある調査によれば、収入が低い人ほど喫煙率や肥満率が高く、健康診断を受診している人が少ないというデータもあります。お金持ちを目指すのであれば、まずは健康意識を高めることから始めるべきでしょう。

私たちも彼を見習って、**ふだんの生活態度や健康状態を振り返ってみましょう。**特に多量の飲酒や喫煙は健康を害する悪習慣です。十分注意しましょう。

BOOK

『ロックフェラー回顧録（上・下）』

デイヴィッド・ロックフェラー著　楡井浩一訳
（新潮社、2014年）

石油王と呼ばれた祖父の莫大な遺産を受け継ぎ、政治では副大統領と州知事を輩出したロックフェラー家。一族の現当主が語る90余年の人生はアメリカの現代史そのものだった。

BOOK2

この本もおすすめ

『ロックフェラー　お金の教え』

ジョン・D・ロックフェラー著　中島早苗訳
（サンマーク出版、2016年）

時価換算でビル・ゲイツ氏をはるかに上回る「史上最大の資産家」が実践しつづけた考え方とは。一大帝国を築き上げた伝説の実業家に学ぶ、お金を生み出す知恵の原理。

教え39

自分の「勝負服」を持とう。

――アンドリュー・カーネギー（「鉄鋼王」／カーネギー鉄鋼創業者）

アンドリュー・カーネギー氏は、カーネギー鉄鋼会社を創業し、成功を収めて「鋼鉄王」と呼ばれた人物です。歴史上、ジョン・ロックフェラー氏に次ぐ2番目の富豪とも言われています。

彼は1835年にスコットランドに生まれ、オハイオ電信会社で電報配達員として働いたあと、ペンシルバニア鉄道に引き抜かれ、出世街道を歩いていくことになります。

南北戦争終結後に同社を退職して製鉄所の経営に乗り出し、1892年に所有する会社をまとめて、カーネギー鉄鋼会社を創業。名実ともに「鉄鋼王」の名をほしいままにします。

彼の自伝、『カーネギー自伝』によると、彼が15歳のときに電報配達員の面接を受けたときのエピソードとして、次のような話が伝えられています。

その面接の際、カーネギー少年は少しでもスマートに見えるように一張羅の白い麻のシャツと紺のジャケットにズボンという服装で、父親の付き添いを断り、1人で面接に行ったそうです。

この服は、貧しい彼にとっての「晴れ着」、あるいは**「勝負服」**であり、毎週土曜日の夜に母親がこの白い麻のシャツと紺のジャケットとズボンを洗濯してアイロンをかけてくれ、日曜日には決まってこれを着ていたと言います。

この「勝負服」を着込んで、「自分はこの街に詳しくないができる限り早く覚えたい、今すぐにでも働きたい」と積極的に自分を売り込んだカーネギー少年は、見事採用を勝ち取ります。同時にその偉大なる出世街道の、第一歩目を踏み出したわけです。

その後も彼は、いつもなるべくよい服を着て、優しい声を出し、誰にでも丁重な態度をとるように心がけていたと述べています。

一般的に、**人間は外見的魅力が高い人に対して「能力が高い」という印象を持つ傾向があると**言われています。たとえば男性の場合、本人の身長と年収は明確な相関関係にあり、高身長な人ほど高い年収をもらっているそうです。まだ幼かったカーネギー少年がそこまで知っていたとは思えませんが、貧しい中でも少しでも清潔な印象を持たれようとした彼の作戦は見事に当たったと言っていいでしょう。

私たちも、彼を見習い、**ここぞというときに身につける「勝負服」を持っておきましょう。**また勝負をかける場合だけでなく、ふだんから清潔感のある恰好をしておくのも大切です。ワイシャツなどはいつもアイロンをかけるなどしておきましょう。

BOOK

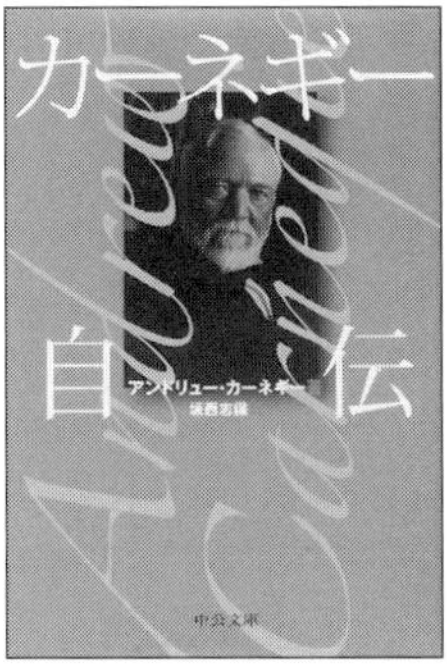

『カーネギー自伝』

アンドリュー・カーネギー著　坂西志保訳
（中央公論新社、2002年）

貧しいスコットランド移民の子から全米の鉄鋼王へ、引退後は「富は神より委託されたもの」との信念に基づき、社会福祉に全力を傾注したカーネギー氏の感動の自伝。

BOOK2

この本もおすすめ

『富の福音』

アンドリュー・カーネギー著　田中孝顕監訳
（きこ書房、2011年）

本田健氏も推薦。100年以上読み継がれている資本主義を生き抜く人類のための、永遠のバイブルを再刊行。

教え
40

「ほしいものリスト」をまわりにシェアしよう。

——ドナルド・トランプ（「不動産王」／トランプ・オーガナイゼーション会長）

ドナルド・トランプ氏は、不動産会社トランプ・オーガナイゼーションの会長兼社長です。本原稿の執筆時点（２０１６年10月）ではアメリカ共和党の大統領候補者として、その歯に衣着せぬ言動などから、全米のみならず世界中から注目を浴びています。

彼は１９４６年にアメリカで生まれ、ペンシルベニア大学のウォートン・スクールを卒業。１９６８年に父親が経営するエリザベス・トランプ・アンド・サンに入社します。

１９７１年には経営権を与えられ、社名をトランプ・オーガナイゼーションに改めます。そして１９８０年代にビル開発やホテル、カジノ経営などで大成功を収め、「不動産王」と言われるようになり、２００６年の「フォーブス」の世界長者番付には94位でランクインしました。

彼の自伝、『トランプ自伝　不動産王にビジネスを学ぶ』によれば、彼がこうした成功を収められた秘訣は、取引の際に**「求めるものを手に入れるまで、押して押して押しまくる」**ことにあるそうです。

具体的なエピソードとして、彼が若い頃、「ル・クラブ」という高級クラブの会員になったときの話が語られています。同クラブは、当時最も注目を集めていたクラブで、入会できるのは著名人や大富豪だけなど、その選考が厳しいことで知られていたそうです。

当時まったく無名だった彼ですが、このクラブにどうしても入会したいと思い、正面から堂々とクラブに電話をして、入会したいと告げます。当然ながら断られると、次の日にまた電話をかけ、せめてクラブの会長の連絡先を教えてほしいと頼みます。

そして会長に電話をした彼はひたすらしゃべり続けて入会を懇願し、面白がられて一緒に飲むことになり、やがて入会を許されるのです。

人間は、心のどこかで「相手の役に立ちたい」「相手の力になりたい」と思うところがあり、特に社会的地位が高い人ほどそうした傾向があります。ですので、ほしいものを率直に、かつ熱意をもって「ほしい」と告げると、意外とよい結果になることが多いものです。何より、ほしいと告げること自体には何の損失もありません。

私たちも彼を見習い、日頃から、ほしいものを堂々とほしいと言えるようになりたいものです。たとえば、**アマゾンなどのショッピングサイトで、「ほしいものリスト」を作成してまわりにシェアする**くらいのことから始めてみましょう。

BOOK

『トランプ自伝　不動産王にビジネスを学ぶ』

ドナルド・トランプ／トニー・シュウォーツ著　相原真理子訳
（筑摩書房、2008年）

「アメリカの不動産王」ドナルド・トランプ氏の市当局や銀行との折衝、提携先やライバル企業との攻防などを生々しく描き、全米ミリオンセラーとなった初の著書。

BOOK2

この本もおすすめ

『熱狂の王　ドナルド・トランプ』

マイケル・ダントニオ著　高取芳彦他訳
（クロスメディア・パブリッシング、2016年）

ドナルド・トランプ氏本人や関係者への徹底的なインタビューと独自取材をもとに、ピュリッツァー賞受賞ジャーナリストが3年をかけて書き上げた本格ノンフィクション。

教え41

悩んだときこそ、さっさと寝よう。

――ベルナール・アルノー（LVMH会長）

ベルナール・アルノー氏は、ドン・ペリニヨン、ルイ・ヴィトン、フェンディ、ジバンシィなど、超高級ブランドを40以上も擁する国際企業グループ、LVMH（モエ・ヘネシー ルイ・ヴィトン）社の会長兼CEOであり、2016年の「フォーブス」の世界長者番付では14位にランクインするフランス随一の資産家です。

アルノー氏は1947年にフランス北部の街、ルーベに生まれます。パリ理工大学を卒業したのち、一族の経営する建設会社、フェレ・サヴィネル社の技術部門に配属されてから順調に出世を重ね、社長に就任、アメリカで同社の基盤を固めます。

1984年にフランスに帰国し、クリスチャン・ディオールを傘下に持つフィナンシエール・アガシュ持株会社の再建に着手、1989年にはLVMH社を買収し、多くの高級ブランドを擁するコングロマリットを築き上げます。

彼のインタビュー録『ブランド帝国LVMHを創った男　ベルナール・アルノー、語る』によれば、数多く高級ブランドを所有する企業のトップにふさわしく、彼の私生活も非常に優雅かつ洗練されており、音楽家である妻のエレーヌ氏とともに、各界の名士などを夕食会に招いてはもてなすのが楽しみであると述べています。

また音楽や絵画など芸術にも造詣が深く、自身もピアノを弾くのが趣味で、彼の友人であり世界的な指揮者である小澤征爾氏に頼まれて、日本のコンサートでコンチェルト（協奏曲）を演奏したこともあったそうです。

そんな多忙な毎日を送る彼のストレス解消法は、**「早く寝ること」**。

「不安やストレスの多いときには、早く床についてすぐに寝てしまいます。そして朝早く起きるのです。私は朝型ですし、目が覚めたときにはストレスも完全に消えています」（同書より）

睡眠は神経回路を強化して、脳を次の課題に向けて準備させる効果があります。十分な睡眠をとることで、優れた判断力を発揮することができるのです。

実際に彼は、ビジネス面では非常にクールかつタフであり、LVMH社を買収した際には経営陣の2人の対立を利用して、それぞれに味方であるふりをしながら株を買い集め、経営陣を辞職に追い込むという離れ業をやってのけています。

私たちもアルノー氏を見習って、**何か悩みを抱えたときあれこれ考えるより、思い切って寝てしまうクセをつけてみましょう。**案外次の日になったら、些末な悩みであることに気づいたり、よい解決案が浮かんだりするものです。

BOOK

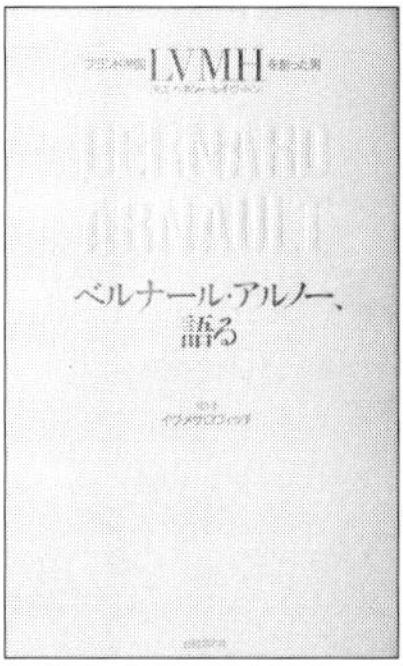

『ブランド帝国LVMHを創った男　ベルナール・アルノー、語る』

ベルナール・アルノー／イヴ・メサロヴィッチ著　杉美春訳
（日経BP社、2003年）

世界最強のブランドコングロマリット、ＬＶＭＨの経営の実権を握る「カリスマ」、ベルナール・アルノー氏が初めて、知られざるＬＶＭＨグループの姿とその素顔を語る。

BOOK2

この本もおすすめ

『ダメ男がグッチ社長になったわけ』

田中伸一著
（マガジンハウス、2010年）

なぜ、一介の販売員がグッチの社長になれたのか。なぜ、夢のアーリー・リタイアメントを実現できたのか。ビジネスと人生を楽しみたいすべての人に贈る勇気と希望の書。

教え42

会社の備品は大切に使おう。

——堤義明（西武鉄道グループ元オーナー）

堤義明氏は、西武鉄道グループの元オーナーであり、1980~90年代には「フォーブス」の長者番付で世界一になった人物です。父は西武グループの基礎を築き上げた堤康次郎氏であり、兄は元西武百貨店会長であり小説家の堤清二（辻井喬）氏です。

彼は1934年に堤康次郎氏と内縁の妻である石塚恒子氏の子どもとして生まれます。幼い頃から父のスパルタ的な帝王学を学んだ彼は、大学生ながら「軽井沢スケートセンター」「大磯ロングビーチ」などを発案、実現させて次々と成功を収めます。

康次郎氏の亡きあとは、コクド・西武鉄道グループを引き継ぎ、10年間の沈黙ののち、品川や高輪、赤坂、新宿、池袋などに次々とプリンスホテルを、また苗場や雫石、ニセコ、富良野、万座、志賀高原、妙高などにスキー場を、軽井沢、川奈、武蔵丘などにゴルフコースをオープンさせ、西武王国を築き上げて栄華を極めます。

また、1978年に西武ライオンズのオーナーになり、その黄金時代を築きます。

『血脈』（レズリー・ダウナー著）は、そんな堤義明氏と堤一族の隆盛を外国人ジャーナリストの視点から鋭く描いた、非常に珍しいノンフィクション作品です。

本書によれば堤義明氏は、同社内では文字通りの帝王として君臨しており、彼が出社、退社する際は必ず社員が入口に並び、彼の車が見えなくなるまでずっと頭を下げていなければならなかったと言います。また彼の父、康次郎氏の墓は、1年365日、いつも西武グループ各社の社員の誰かが墓守りをし、常に康次郎氏の霊を慰めるという伝統があったと伝えられています。

そうして、**社内では専制君主として君臨した義明氏ですが、意外にも私生活は倹しく暮らしていました。**本人によれば、メモ用紙などはもったいなくて新しい紙を使えなかったそうですし、靴が壊れても底を修繕して履き続けていたそうです。またご飯を残すのを嫌い、会社の従業員についても、「食が進まないのに、量を減らさず、ご飯を平気で残すような者は、私の目にとまったら、それで終わりです」と述べています。

こうしたコスト意識は各地のホテルやリゾート経営などにも反映され、各所を視察しては、少しでもムダや不備な点がないかを常にチェックしていたと言われています。

私たちも、彼にならい、**必要のないことにはお金を使わないように、倹約に努めてみましょう。**特にボールペンやフセン、クリアファイルなど、会社の備品などは私たちが働いたお金で購入しているという意識を持ち、ムダ遣いしないように心がけましょう。

BOOK

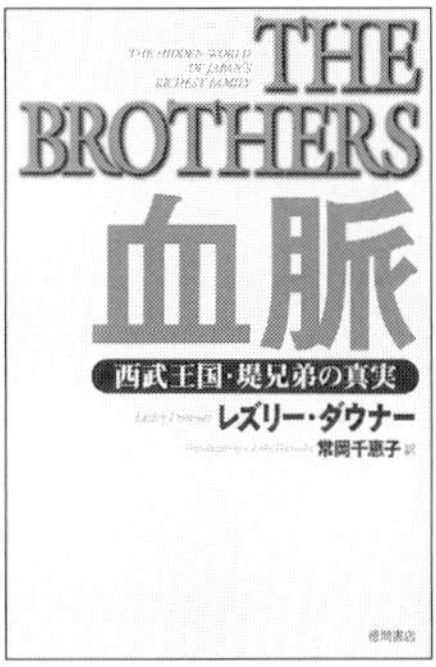

『血脈』

レズリー・ダウナー著　常岡千恵子訳
（徳間書店、1996年）

異質でありながら、ともに西武王国を拡大させる、堤清二氏・義明氏兄弟。その企業戦略よりも“血”に焦点を当てて、英国人ジャーナリストが鋭く彼らの実像に迫る。

BOOK2

この本もおすすめ

『堤清二　罪と業』

児玉博著
（文藝春秋、2016年）

人生の最晩年に堤清二氏の口から語られた、堤家崩壊の歴史と、どうしようもない定めに向き合わなければならなかった堤家の人たちの物語。

教え43

「断食」で自分をリセットしてみよう。

――似鳥昭雄（ニトリ創業者）

教え43
「断食」で自分をリセットしてみよう。

似鳥昭雄氏は、「お、ねだん以上。ニトリ」のキャッチフレーズで知られる、インテリア販売店、ニトリの創業者であり、2016年現在も代表取締役社長を務めている人物です。「フォーブス」による2016年の日本の長者番付では15位にランクインしています。

彼は1944年に樺太に生まれ、終戦後は札幌市で育ちます。父親である義雄氏はコンクリート製造販売業を営んでいましたが、昭雄氏は北海学園大学経済学部卒業後、23歳で似鳥家具店を創業します。

1972年、家具業界向けのアメリカ・ロサンゼルスでの研修セミナーに参加し、感銘を受けた昭雄氏は帰国後、家具のチェーンストアを志し、株式会社ニトリを設立します。そして、その安さと豊富な品ぞろえで人気を博して、順調に出店数を増やし、2013年には念願であったアメリカへの出店も果たしました。

彼の自伝、『運は創るもの』によると、彼は研修旅行でアメリカの豊かさに驚き、「これくらい日本も豊かな国にしたい」という強い志を抱いたそうです。そのためには「自分を甘やかしてはいけない。普通の生活をしているだけではダメだ」と考えた彼は何と、「断食道場」に入ったそうです。

彼によると、食を断って水だけの生活をしていると、4日目くらいに突然色々なことが頭を駆けめぐる瞬間が来て、家族や社員たちのおかげで生かされていること、そして自分が土や水や太陽の恵みによって生かされていることを実感できると言います。

彼は45歳になるまで断続的にこの断食を行なっていたそうですが、**断食を続けていると、過去の成功体験や欲を忘れて「ゼロの自分」を取り戻すことができる**と述べています。そうして自分をゼロにすると、「20代の女性」「子ども」など老若男女、性別関係なしに色々な顧客の立場に立つことができるようになるそうです。

同社が2015年には売上高4000億円、店舗数4000店を超え、28期連続増収増益という偉業を達成できたのも、こうして様々な顧客の立場に寄り添ったもの作り、店舗運営ができているからでしょう。

私たちも似鳥氏を見習って、**たまには「プチ断食」にトライしてみませんか。**今まで当たり前だったことをあえて一定期間断つことで、彼のように「ゼロの自分」を取り戻し、新鮮な発想を手に入れましょう。

BOOK

『運は創るもの』

似鳥昭雄著
（日本経済新聞出版社、2015年）

23歳でニトリを創業し、28期連続増収増益、日本一の家具チェーンに育て上げた、似鳥昭雄氏の波瀾万丈の一代記。大きな話題を呼んだ日本経済新聞連載を大幅加筆し、書籍化。

BOOK2

この本もおすすめ

『ニトリ　成功の5原則』

似鳥昭雄著
（朝日新聞出版、2016年）

「のろまなカメ」と思われながらも大きな成功をつかみとった似鳥氏が、世界中で働くすべての人たちに贈る、成功への指南書。

Chapter
7

大富豪に必ず当てはまる「7つの教え」

教え44　大好きなものに没頭しよう。

教え45　敵や抵抗者は全力で叩き潰そう。

教え46　ほしいものは、あらゆる手段を使って手に入れよう。

教え47　遊ぶときは本気で遊ぼう。

教え48　世間の常識の逆を行こう。

教え49　自分より他人にお金を使おう。

教え50　本を読んで勉強しよう。

教え
44

大好きなものに没頭しよう。

教え44
大好きなものに没頭しよう。

ここからは、ここまでとり上げた多くの「大富豪」と呼ばれるようなお金持ちに必ず1つや2つ当てはまる、「7つの教え」についてご紹介します。

「7つの教え」の1つ目は、**「大好きなものに没頭しよう」**ということです。

彼らの多くは、自分の大好きなことを仕事にしています。投資家のウォーレン・バフェット氏は幼い頃から「数字遊び」が大好きでしたし（113ページ参照）、航空会社を設立したハワード・ヒューーズ氏は病的なほどの飛行機マニアでした（97ページ参照）。

また、スポーツ用品メーカー、ナイキのフィル・ナイト氏はもともと熱心な陸上の選手でしたし、マイクロソフトの共同創業者、ビル・ゲイツ氏やポール・アレン氏は学生時代に一目見たコンピュータに惚れ込んでその開発にのめり込むようになりました（ただし、当然ながら例外も存在します。たとえばアマゾンのジェフ・ベゾス氏や楽天の三木谷浩史氏は、もっと客観的な理由で事業内容を決定しています）。

そして彼らのすごいところは、ただ「大好きなことをする」というレベルではなく、**「他のことが目に入らないほどそれに没頭する」というレベルで取り組む**ところです。

ハワード・ヒューズ氏が飛行機以外のことはほとんど無頓着だったことは先述した通りですが、ビル・ゲイツ氏もいったん仕事にのめり込むと、文字通り寝食を忘れて36時間くらいぶっ通しで働いても平気だったという証言が残されています。またアップルのスティーブ・ジョブズ氏も製品作りに集中すると、法的な障害や部下のプライド、自分の健康や家庭への責任といったことの一切を忘れてしまうところがありました。

彼らは1つのことにのめり込むとものすごい集中力で取り組み、それ以外のこと、たとえば衣食住などに向ける思考の一切を遮断してしまうのです。スティーブ・ジョブズ氏やフェイスブックのマーク・ザッカーバーグ氏が同じ服ばかりを好んで着るのは有名な話ですが、これにはそうした俗事に思考を煩わせる手間を少しでも減らそうとする意図があるようです。

彼らはもともと非凡な才能を持っていますが、それ以上に自分の好きなことに膨大な労力と時間をかけています。ある分野で成功するかどうかが、その分野にいかに労力と時間をかけたかどうかにかかっているのだとしたら、**彼らはその才能以上に日頃のたゆまぬ努力によって、成功するべくして成功したと言っていいでしょう。**

あなたがお金持ちになりたいのなら、自分の大好きなことにひたすら没頭することが一番の早道です。

7 philosophies of the wealthy

この教えを体現している主なお金持ち

・ビル・ゲイツ（マイクロソフト共同創業者）
・ウォーレン・バフェット（投資家／バークシャー・ハサウェイ会長）
・スティーブ・ジョブズ（アップル共同創業者）
・ハワード・ヒューズ（実業家／映画プロデューサー／飛行家）
・マーク・ザッカーバーグ（フェイスブック創業者）
・ラリー・ペイジ&セルゲイ・ブリン（グーグル共同創業者）
・ポール・アレン（マイクロソフト共同創業者）
・イングヴァル・カンプラード（イケア創業者）
・フィル・ナイト（ナイキ共同創業者）
・堀江貴文（実業家／旧ライブドア創業者）

教え
45

敵や抵抗者は
全力で叩き潰そう。

多くのお金持ちに当てはまる「7つの教え」の2つ目は、**「敵や抵抗者は全力で叩き潰そう」**ということです。

彼らは自分の理想を実現することにすべてをかけており、それを邪魔する者には容赦しません。世間で言われているような、「金持ち喧嘩せず」という精神とはほど遠いほど、彼らは感情をむき出しにして敵や抵抗者を叩き潰します。

たとえば「メディア王」の異名をとる、ニューズ・コーポレーションのルパート・マードック氏。彼の終生のライバルは、もう1人の「メディア王」、ロバート・マクスウェル氏でした。マードック氏は彼のことをひどく軽蔑しており、1969年のニュース・オブ・ザ・ワールド紙買収の際は彼の会社と苛烈な争いをくり広げました。

ナイキのフィル・ナイト氏もまた宿敵であったリーボック社とその当時のCEO、ポール・ファイアマン氏を徹底的に嫌悪しており（132ページ参照）、一時、同社に売上高で抜かれた際には「我々がリーボック社よりいい靴を作っているのは明らかだ！」と激怒したと伝えられています。

ヤマト運輸の小倉昌男氏も同様です。三越の当時の岡田茂社長の傍若無人な振る舞いに激怒して取引停止を通告したり、旧運輸省のお役所仕事に業を煮やして行政訴訟を起こすなど、理不尽な相手には真っ向から立ち向かっています（１４８ページ参照）。

また彼らは、彼らの期待に応えられない部下たちにも容赦がありません。マイクロソフトのビル・ゲイツ氏やアップルのスティーブ・ジョブズ氏はともに癇癪持ちで知られ、ときに「言葉の凶器を振り回し」「嫌味ったらしく侮辱的に」「思いつく限りの非礼を尽くし」「相手を徹底的に貶め、辱める」と言われています。

こうした傾向は他のお金持ちにもある程度共通しており、謙虚を旨とするイケアのイングヴァル・カンプラード氏ですら、ときには癇癪を起こし、行きすぎた批判をしてしまうと述べています。


では、こうした傾向とお金持ちになることはどう関係があるのでしょうか。

これは、「敵や抵抗者は全力で叩き潰す」からこそお金持ちになったというよりは、因果関係が逆で、**敵対する者や邪魔する者には感情をむき出しにしてしまうほどに、自分の理想を実現することに情熱を燃やしている**、と考えるべきでしょう。

あなたがお金持ちになりたいのであれば、それに反対する者が許せないほどに、実現したい夢や理想を持つべきです。

7 philosophies of the wealthy

この教えを体現している主なお金持ち

・ビル・ゲイツ（マイクロソフト共同創業者）
・スティーブ・ジョブズ（アップル共同創業者）
・ラリー・エリソン（オラクル創業者）
・マーク・ザッカーバーグ（フェイスブック共同創業者）
・ドナルド・トランプ（「不動産王」／トランプ・オーガナイゼーション創業者）
・ルパート・マードック（「メディア王」／ニューズ・コーポレーション会長）
・イングヴァル・カンプラード（イケア創業者）
・フィル・ナイト（ナイキ共同創業者）
・小倉昌男（ヤマト運輸元会長）
・糸山英太郎（元政治家／投資家／新日本観光会長）

教え
46

ほしいものは、あらゆる手段を使って手に入れよう。

教え46
ほしいものは、あらゆる手段を使って手に入れよう。

多くのお金持ちに当てはまる「7つの教え」の3つ目は、**「ほしいものは、あらゆる手段を使って手に入れよう」**ということです。

彼らは自分の欲求に対して、非常に素直で貪欲です。ほしいものはあらゆる手段を用いて手に入れます。ときにはそれが、倫理的にはよくない手段だったとしても、です。

これに関する最も有名なエピソードは、グラフィカル・ユーザ・インターフェイス（GUI）技術をめぐるマイクロソフトのビル・ゲイツ氏とアップルのスティーブ・ジョブズ氏の係争でしょう。

ジョブズ氏はゼロックス社パロアルト研究所を見学した際、当時同研究所が開発中だったGUIの技術を見せてもらい、そのアイデアを模倣してマッキントッシュを開発したと言われています。

そしてマイクロソフトのビル・ゲイツ氏もまた、パロアルト研究所の技術者を引き抜いたり、当時取引関係にあったアップルのスティーブ・ジョブズ氏から開発中のマッキントッシュを見せてもらったりして、それらを参考にGUIを開発してウィンドウズを商品化したと言います。

これに猛抗議したジョブズ氏に対してゲイツ氏は涼しい顔で、

「なんと言うか、スティーブ、この件にはいろいろな見方があると思います。我々の近所にゼロックスというお金持ちが住んでいて、そこのテレビを盗もうと私が忍び込んだらあなたが盗んだあとだった――むしろそういう話なのではないでしょうか」と答えたと伝えられています（『スティーブ・ジョブズ』（ウォルター・アイザックソン著）より）。

他にも、長江実業グループの李嘉誠氏も、造花の作り方を学ぶためにイタリアの工場に潜り込んで技術を盗んだと言われていますし（102ページ参照）、ウォルマートのサム・ウォルトン氏も、たびたび競合店に視察に出かけては売場作りなど優れている点を探して模倣したと公言しています（120ページ参照）。

彼らは、自分の理想を実現することをすべてにおいて優先しています。ですからそれに必要なものが出てきたとき、**彼らは決しておとなしく待つようなことはしません。多少強引な手段を使ってでも手に入れるのです。**

あなたがお金持ちになりたいのなら、あなたの理想を実現するのに必要なものは、たとえ人に糾弾されても「絶対に手に入れる」という強い意志を持つべきでしょう。

7 philosophies of the wealthy

この教えを体現している主なお金持ち

・ビル・ゲイツ（マイクロソフト共同創業者）
・ウォーレン・バフェット（投資家／バークシャー・ハサウェイ会長）
・スティーブ・ジョブズ（アップル共同創業者）
・サム・ウォルトン（ウォルマート創業者）
・ラリー・エリソン（オラクル創業者）
・ジェフ・ベゾス（アマゾン・ドット・コム創業者）
・マーク・ザッカーバーグ（フェイスブック創業者）
・ドナルド・トランプ（「不動産王」／トランプ・オーガナイゼーション会長）
・ルパート・マードック（「メディア王」／ニューズ・コーポレーション創業者）
・李嘉誠（長江実業グループ創業者）
・孫正義（ソフトバンクグループ創業者）
・堀江貴文（実業家／旧ライブドア創業者）

教え
47

遊ぶときは本気で遊ぼう。

多くのお金持ちに当てはまる「7つの教え」の4つ目は、**「遊ぶときは本気で遊ぼう」**ということです。

彼らの自伝や伝記を読んでいて、私が個人的に最も興味深かったことの1つは、彼らの多くが意外にも「ゲーム好き」だったことです。この場合のゲームとは、「テレビゲーム」の意味ではなく、トランプなどのカードゲーム、テニスなどのスポーツゲームなどを指します。具体例の一部を挙げてみます。

・ビル・ゲイツ：テニス、水上スキー、ポーカー
・ウォーレン・バフェット：数字遊び（113ページ参照）、ブリッジ、卓球、ポーカー
・サム・ウォルトン：テニス、ウズラ猟
・ジャック・ウェルチ：トランプ
・ジョージ・ソロス：カピタール（モノポリーに似たゲーム）
・ジェフ・ベゾス：ビアポン（ビールの入ったカップにピンポン玉を入れるゲーム）
・ポール・アレン：ホース（カードゲーム）
・フィル・ナイト：テニス

では、ゲームをすることが、お金持ちになることとどう関係するのでしょうか。この点について考えてみましょう。

ゲームはある一定のルールのもと、明確な勝敗が決まります。そしてそれは、ビジネスというゲームにおいてもまったく同じです。つまり、**彼らは小さい頃から様々なゲームで遊ぶことを通じて、ビジネスにおいて不可欠な「競争心」というマインドを育んでいった**のでしょう。

実際に、彼らは非常に負けず嫌いです。たとえば、ナイキの創業者、フィル・ナイト氏の趣味の1つはテニスだそうで、それもプロのテニスプレーヤーを相手に勝負を挑み、負けると感情をむき出しにして悔しがるそうです。その勝ち気っぷりには、あのアンドレ・アガシ氏も舌を巻いたと述べています（これは212ページの「敵や抵抗者は全力で叩き潰そう」に通じるところがあります）。

あなたがお金持ちになりたいのなら、何らかのゲームを趣味の1つとして持つといいでしょう。そしてそのゲームを通じて、あなたの「競争心」を高めていくことが重要です。

7 philosophies of the wealthy

この教えを体現している主なお金持ち

- ビル・ゲイツ（マイクロソフト共同創業者）
- ウォーレン・バフェット（投資家／バークシャー・ハサウェイ会長）
- サム・ウォルトン（ウォルマート創業者）
- ジャック・ウェルチ（ゼネラル・エレクトリック元会長）
- ジョージ・ソロス（投資家／クォンタム・ファンド共同創業者）
- ジェフ・ベゾス（アマゾン・ドット・コム創業者）
- ルパート・マードック（「メディア王」／ニューズ・コーポレーション創業者）
- ポール・アレン（マイクロソフト共同創業者）
- ベルナール・アルノー（LVMH会長）
- フィル・ナイト（ナイキ創業者）
- 孫正義（ソフトバンクグループ創業者）
- 堀江貴文（実業家／旧ライブドア創業者）
- 藤田晋（サイバーエージェント創業者）
- 安田隆夫（ドン・キホーテ創業者）

教え
48

世間の常識の逆を行こう。

多くのお金持ちに当てはまる「7つの教え」の5つ目は、**「世間の常識の逆を行こう」**ということです。

彼らは往々にして、王道・定石と言われていることの逆の道を行きます。

すでにヤフーなど既存の検索サービスが乱立する中を最後発で参入したグーグルのラリー・ペイジとセルゲイ・ブリンの両氏。大きな予算規模を持つ大企業を狙わず、あえて中小企業向けのコマースサイトを作った、アリババのジャック・マー氏。

日本で言えば、夜は物が売れないと言われている中で深夜営業を始めたドン・キホーテの安田隆夫氏。日本人はネットで物を買わないと言われていたところにEC事業に乗り出した、楽天の三木谷浩史氏。わざわざ海の近くに巨大プールを作るという奇策で大磯ロングビーチを大ヒットさせた西武鉄道の堤義明氏。

また事業とはちょっと違った話ですが、本多静六氏や笹川良一氏、糸山英太郎氏などは「逆張り」の投資法で金を儲けています。

彼らは世間の常識やそれまでの慣習に惑わされることなく、「絶対こっちだ」という自分の直感と信念を貫きます。そして、それに対してまわりからどんなに反対されてもひるむことなく、その道を突き進んでいくのです。こうしたマインドセットをウォルマートのサム・ウォルトン氏は「逆流に向かって進め」という言葉で述べ、スティーブ・ジョブズ氏（あるいはアップル社）はこれを端的に「シンク・ディファレント」と表現しています。

注意したいのは、彼らは「狙って」逆に行こうとしているわけではないという点です。**自分の理想や実現したい夢がたまたま世間の常識とは異なる方向性にあるというだけ**で、だからこそどんなにまわりから反対されても、その決意が揺らぐことはないのでしょう。

そして、大多数と異なる方向に歩むほど、市場のプレーヤーは少なくなり、うまくすればその市場を独占することができます。そうして結果として、多大な利益を生むことができるわけです。

あなたがもしお金持ちになりたいのなら、世間の常識とどんなにかけ離れていても、まわりの人にどんなに反対されても、自分の意見を貫く強さを持ちましょう。

そして、それが世間の常識とかけ離れていればいるほど、反対意見の声が大きければ大きいほど、利益を最大化できる確率は高まっていくのです。

7 philosophies of the wealthy

この教えを体現している主なお金持ち

・スティーブ・ジョブズ（アップル共同創業者）
・サム・ウォルトン（ウォルマート創業者）
・ジェフ・ベゾス（アマゾン・ドット・コム創業者）
・ラリー・ペイジ&セルゲイ・ブリン（グーグル共同創業者）
・ジャック・マー（アリババグループ創業者）
・三木谷浩史（楽天創業者）
・藤田晋（サイバーエージェント創業者）
・堤義明（西武鉄道グループ元オーナー）
・安田隆夫（ドン・キホーテ創業者）
・笹川良一（フィクサー／日本財団創立者）
・糸山英太郎（元政治家／投資家／新日本観光会長）
・本多静六（大学教授／投資家／造園家）

教え
49

自分より他人にお金を使おう。

多くのお金持ちに当てはまる「7つの教え」の6つ目は、**「自分より他人にお金を使おう」**ということです。

すでに見てきたように、お金持ちの中には倹約家、もしくは吝嗇《りんしょく》家が少なくありません。

また多くのお金持ちに共通しているのは、ムダ遣いを嫌うことです。

マイクロソフトのビル・ゲイツ氏が飛行機に乗る際はなるべくエコノミークラスに乗り、日本法人のスタッフからファーストクラスのチケットを渡されて激怒した話は有名です。

またウォルマートのサム・ウォルトン氏はふだん、小型トラックに乗り、自社のロゴの入った野球帽をかぶり、散髪は町の床屋で済ませていたと言われています。

さらにイケアのイングヴァル・カンプラード氏も、買い物の際は閉店間際に入店してなるべく安くしてもらえないか交渉すると述べています（25ページ参照）。

そして面白いのは、**彼らはこのようにムダ金を嫌う一方で、恵まれない人への寄付や支援活動というものには積極的に投資しているところです。**

個人資産の85%を慈善財団に寄付したウォーレン・バフェット氏や、死後に全財産の95%を慈善財団に寄付することを表明したビル・ゲイツ氏などはその典型ですが、その他にも非常に多くのお金持ちがこうした慈善事業などにその資産を投じています。

そして、その中には、お金持ちになってからこうした事業を始めた人だけでなく、「鉄鋼王」、アンドリュー・カーネギー氏や、「石油王」、ジョン・ロックフェラー氏のように、まだ貧乏だった頃から毎月一定額を寄付していた人たちもいます。

なぜ、他人のことにお金を使う人がお金持ちになっているのでしょうか。

1つには、**誰かに有形無形の財を提供することで、結果としてそれ以上のメリットが戻ってくる**、ということがあるでしょう。人は誰かに親切なことをされると、それにお返しをしないと気が済まなくなるという習性があります（「返報性の法則」）。

たとえば笹川良一氏は、戦犯者の支援を行なう中で政治家などとの太いパイプができ、のちに競艇事業で莫大な利権を手に入れています（ただし、本人がそうした見返りを求めて支援活動を行なっていたわけでないことは言うまでもありません）。

また興味深いことに、**自分のことにお金を使うよりも他人にお金を使うほうが、幸福度が高くなる**という実験結果があるそうです。誰かを幸せにしながら自分も幸せになれるなんて、とてもステキですね。

あなたがお金持ちになりたいのなら、まず自分が誰かのためにお金を使う、という意識を持つべきでしょう。

7 philosophies of the wealthy

この教えを体現している主なお金持ち

- ジョン・ロックフェラー（「石油王」／スタンダード・オイル創業者）
- アンドリュー・カーネギー（「鉄鋼王」／カーネギー鉄鋼創業者）
- ビル・ゲイツ（マイクロソフト共同創業者）
- ウォーレン・バフェット（投資家／バークシャー・ハサウェイ会長）
- サム・ウォルトン（ウォルマート創業者）
- ジョージ・ソロス（投資家／クォンタム・ファンド共同創業者）
- ラリー・エリソン（オラクル創業者）
- ラリー・ペイジ&セルゲイ・ブリン（グーグル共同創業者）
- ポール・アレン（マイクロソフト共同創業者）
- ベルナール・アルノー（LVMH会長）
- 孫正義（ソフトバンクグループ創業者）
- 堤義明（西武鉄道グループ元オーナー）
- 小倉昌男（ヤマト運輸元会長）
- 笹川良一（フィクサー／日本財団創立者）

教え
50

本を読んで勉強しよう。

多くのお金持ちに当てはまる「7つの教え」の最後は、**「本を読んで勉強しよう」**ということです。

彼らの多くは、かなりの多読家でした。本書を執筆するにあたって私はお金持ちの自伝や伝記を多数読み込みましたが、その本のほとんどに「彼は幼い頃から、非常に読書家だった」というような記述がありました。

たとえば、ビル・ゲイツ氏は、幼い頃、伝記を読むのが大好きだったそうですし、今でもまとまった休みをとってひたすら読書をする習慣があるそうです。

そして彼の共同創業者、ポール・アレン氏も小さい頃から特にSF小説や科学書などが大好きで、図書館が所蔵していたそうした関連の本はすべて読み尽くしたと言います。

アマゾンのジェフ・ベゾス氏もまた、小学生時代は本の虫で、4年生のときニューベリー賞受賞作品を1年間で何冊読めるかという学内コンテストで、読破した本の冊数を競い合ったと伝えられています。

では、読書をすることがお金持ちになることとどうつながるのでしょうか。

1つは、単純に**「知識や情報量が増える」**ということが考えられると思います。この世界を制するための要因の1つは、知識や情報です。あるファクトや法則、あるいはフレームワークといったものを知っているか知らないかだけで、仕事のパフォーマンスやスピード感が大きく変わることがあります。この意味で、より多くの知識や情報を持っている者のほうがより多くの富を得られるのは当然の帰結と言えるでしょう。

そして読書を行なうもう1つの効果は、**「知的好奇心が養われる」**ことにあります。実際にビル・ゲイツ氏にしても、ポール・アレン氏にしても、知的好奇心がじつに旺盛です。知らないことを知りたい、未知の世界を見てみたい……。こうしたマインドセットは、新しいビジネスを始めたり、思い切った投資をしたりするための強力なエンジンになってくれます。そうやって勇気を持ってチャレンジングなことをし続けていった先人たちが、結果としてお金持ちになったのでしょう。

あなたがお金持ちになりたいなら、たくさん本を読むことです。

ただ、本書を手にとったあなたは、すでに読書好きな方なのかもしれません。それならあともう一歩、本で読んだことを実行に移すことに踏み出してみましょう。まずはこの本に書いてある習慣をどれか1つ、実践してみることから始めてみませんか?

7 philosophies of the wealthy

この教えを体現している主なお金持ち

・アンドリュー・カーネギー（「鉄鋼王」／カーネギー鉄鋼創業者）
・ビル・ゲイツ（マイクロソフト共同創業者）
・ラリー・エリソン（オラクル創業者）
・ジョージ・ソロス（投資家／クォンタム・ファンド共同創業者）
・ジェフ・ベゾス（アマゾン・ドット・コム創業者）
・ポール・アレン（マイクロソフト共同創業者）
・ジャック・マー（アリババグループ創業者）
・李嘉誠（長江実業グループ創業者）
・孫正義（ソフトバンクグループ創業者）
・堀江貴文（実業家／旧ライブドア創業者）
・伊藤雅俊（イトーヨーカ堂創業者）

おわりに

ここまでお読みいただき、ありがとうございました。

「世界中の大富豪を調べて、彼らがお金持ちになった要因を探る」という今回の企画は、編集者さんからこの企画で行きましょうという正式な決定が出てから、文献調査、原稿執筆、そして出版までちょうど1年という、長い歳月を要しました。

しかし、こうしたことを調べたり分析したりするのが何よりも好きな私にとっては、楽しくて楽しくて仕方がない1年でした。

ちなみに、お気づきの方もいるかもしれませんが、本書は前著、『自己啓発の名著から学ぶ　世界一カンタンな人生の変え方』と似たような構成、似たようなスタイルの作品となっています。

ただ、前著の場合は、それぞれの「自己啓発書」から「成功するために行なうべき習慣」を抽出してご紹介する、というスタイルをとりましたが、今回はそれぞれの「伝記」をベースに彼ら大富豪たちが「お金持ちになる要因になったこだわり」を抽出してご紹介する、という構成になっています。

また、「成功」という幅広いテーマを扱った前著と比べ、「お金持ちになる」という1点にフォーカスした今回の本は、最終的に、頻出する「7つの教え」をまとめ上げることができ、著者として、分析家として、満足を覚えることができました。


ここで1点だけ、ご留意いただきたいのは、本書は、お金持ちになる要因となったこだわりを「1人につき1つご紹介する」というコンセプトにしたので、各項目では意図的にそれにフォーカスして記述しましたが、厳密には、彼らはたった1つの要因だけで成功したというわけではないという点です。

本書を執筆するにあたって私は多くの文献を読み込み、彼らがお金持ちになる要因となった行動特性や思考特性のすべてをリストアップしました。そしてその中には、ぜひご紹介したい、彼らの面白いこだわりや興味深い習慣などもありましたが、本書の構成上、最も大きな要因以外は残念ながら（泣く泣く）カットさせていただいた次第です。

これを捨ててしまうのが少しもったいない気がするので、今回、本書をお読みいただだいたみなさまには特典として、**今回とり上げた大富豪43人の「全特性リスト」のファイルをプレゼントさせていただきたいと思います。**ご希望の方は、「info@successful-data.com」までその旨、ご連絡ください（メールの件名にでも、「読者特典のファイルをください！」と書いていただければと思います）。

右記のような情報も含め、私はふだんから、「成功や幸福に関するデータやノウハウ」などを分析して、その分析結果をご紹介したりすることをライフワークとして行なっています。

そうした情報は、

- **ホームページ（成功データ研究所：http://www.successful-data.com）**
- **フェイスブック（https://facebook.com/shinichi.exp：「高田晋一」で検索ください）**
- **ツイッター（@shinichi_exp：「高田晋一」で検索ください）**

などで発信しておりますので、お気軽にチェックやフォローしてください。また本書に関してご意見やご感想、ご不明な点などがございましたら、メールやフェイスブック上などでご連絡いただければ、必ずご返信させていただきます。

最後になりましたが、前著に引き続き、書籍のデザインを井上新八さま、イラストを高田真弓さまにご協力いただきました。今回もステキなデザインと超ウケる4コマ漫画をありがとうございました（「タカタくん」のキャラ、大好きです！）。

そして1年間にわたって本企画をあたたかく見守り続け、丁寧に育てていただいた、担当編集の滝啓輔さまに多大な感謝を申し上げます。ありがとうございました。

著者

高田晋一（たかた しんいち）

成功データアナリスト。

早稲田大学第一文学部哲学科卒業。英国国立ウェールズ大学経営大学院 MBA プログラム Postgraduate Diploma 取得。

大手広告代理店グループにて市場調査やデータ分析を担当し、年間数 10 本のプロジェクトを運用。成功や幸福に関する文献・データを集め分析することをライフワークとし、これまでに 1000 冊以上の自己啓発本・成功本などを読破。その分析結果を書籍、各種セミナー、雑誌や Web の記事などを通じて発表、その普及に努めている。

著書に『「人生成功」の統計学 自己啓発の名著 50 冊に共通する 8 つの成功法則』(晋一名義、ぱる出版)、『自己啓発の名著から学ぶ 世界一カンタンな人生の変え方』（サンクチュアリ出版）がある。

HP：成功データ研究所　http://successful-data.com/
Facebook　https://facebook.com/shinichi.exp
Twitter　@shinichi_exp

大富豪の伝記で見つけた1億稼ぐ50の教え

2016年12月1日 初版発行

著者　高田晋一

イラスト　高田真弓
デザイン　井上新八
営業　市川聡／石川亮（サンクチュアリ出版）
編集　滝　啓輔（サンクチュアリ出版）

発行者　鶴巻謙介
発行所　サンクチュアリ出版
〒151-0051　東京都渋谷区千駄ヶ谷 2-38-1
TEL 03-5775-5192　FAX 03-5775-5193
http://www.sanctuarybooks.jp
info@sanctuarybooks.jp

印刷・製本　株式会社光邦